BIBLIOTHÈQUE
Économique.

TOME XXIII.

IMPRIMERIE DE CASIMIR,
rue de la Vieille-Monnaie, nº 12.

HISTOIRE

DE LA

RÉVOLUTION

FRANÇAISE.

L'instruction est l'amie de tous.

À PARIS,

CHEZ DAUTHEREAU,

A LA LIBRAIRIE AU RABAIS,

Grande cour du Palais-Royal, côté du Théâtre-Français, n° 21 *bis*.

1826.

HISTOIRE

DE LA

RÉVOLUTION

FRANÇAISE.

La France, il y a trente-sept ans, gémissait sous un régime à la fois tyrannique et absurde, dont l'établissement remontait aux âges de barbarie. Depuis trois siècles elle marchait dans la voie de l'amélioration morale, et ses institutions politiques étaient demeurées stationnaires. Il devait arriver alors ce qui arrive toujours lorsque les institutions d'une nation ne sont plus en harmonie avec les mœurs : une révolution dans son système de gouvernement ; car il est plus facile de changer les gouvernemens que les mœurs.

L'ancien régime faisait à chaque citoyen, dès sa naissance, une part inégale dans les charges et dans les bénéfices de la vie. Il dispensait aux uns les jouissances, les richesses, les honneurs; il imposait aux autres les privations, la misère, l'humiliation : en un mot, c'était le régime des priviléges, ou, en d'autres termes, de l'injustice; car il n'est pas de privilége qui n'attaque un droit.

La conquête, soutenue par l'ambition et la vanité, avait divisé le peuple en trois ordres politiques, le clergé, la noblesse et le tiers-état : ce dernier, victime des priviléges, dont les autres jouissaient.

Les priviléges des deux premiers ordres étaient ou pécuniaires ou honorifiques; les uns et les autres pesaient également sur le tiers-état; pécuniaires, ils faisaient son indigence; honorifiques, son humiliation.

Pour cet ordre, il n'y avait pas un besoin de l'existence qui ne fût soumis à une contrainte, pas un seul acte de la vie qui fût libre. Posséder, ensemencer, récolter, vendre le fruit de ses travaux, exercer un métier, tout pour lui dépendait du bon plaisir des ordres privilégiés; la seule classe laborieuse et productrice, et par conséquent la seule utile, outre les maux inhérens à notre nature, avait encore à supporter les maux factices auxquels un égoïsme héréditaire la tenait assujettie.

Seule, elle avait le fardeau de la corvée, de la taille, de la gabelle; courbée sous le joug d'un clergé politique, épuisée par les exactions seigneuriales, elle avait encore à solder l'administration, à nourrir les armées, à satisfaire l'insatiable cupidité des traitans, à entretenir le luxe d'une cour corrompue, et l'abondance au sein de ces prisons religieuses où s'exerçaient de si horribles contraintes, où se consumait inutilement le fruit de tant de travaux; et, pour suffire à toutes ces charges, elle possédait à peine le tiers du terrain qu'elle fécondait de ses sueurs.

Le seul remède à tant d'abus était une révolution; elle fut appelée de tous les vœux; elle était inévitable, elle éclata.

Cette révolution a-t-elle rempli son but? Sans doute, en grande partie du moins. Féconde en excès, elle n'en a pas moins régénéré la France, et peut-être l'Europe; semblable à ces grandes inondations qui déplacent quelques limites, arrachent quelques arbres, dispersent quelques récoltes, mais laissent en se retirant le germe de l'abondance sur le sol qu'elles ont ravagé.

Mais quelle fut la cause de la révolution? Veut-on dire la cause principale, première, absolue? Il faut la voir dans la nature de l'homme, dans sa perfectibilité, dans le développement de son intelligence, qui lui fait appliquer à sa position, dans l'organisation sociale, le même instinct de conservation, qui, dans l'état de primitive ignorance, ne prend pour objet que des intérêts plus matériels et plus immédiats.

Entend-on parler de ces causes occasionelles? La principale, la plus ancienne fut la découverte de l'imprimerie, qui devint pour les facultés morales de l'homme, ce qu'avait été pour ses besoins physiques l'invention de la charrue.

En un mot, la révolution fut la conséquence nécessaire du développement de la raison humaine, dont l'imprimerie fut l'occasion.

Après ces préliminaires, que nous avons jugés nécessaires, nous entrons en matière.

Au commencement de la révolution, la France était gouvernée par un roi jeune, instruit, bien intentionné, sans vices, sans autre passion que celle du bien public. Malheureusement il unissait à de si grandes qualités un esprit timide, un caractère extrêmement faible, des préjugés d'éducation, et il avait hérité de ses prédécesseurs une cour déprédatrice et une dette énorme.

Louis XVI avait, à son avénement, montré des vues d'économie et de réforme, et en avait même exécuté quelques-unes; mais, pour en poursuivre le cours, il lui eût fallu la fermeté de braver le mécontentement des courtisans, intéressés au maintien des abus qu'il voulait détruire, et cette fermeté lui manquait. La bonté de Louis XVI fut un peu comme celle d'un père, qui n'ose, dans la crainte de déplaire à un fils aimé qui l'obsède de ses exigences, faire ce qu'il juge nécessaire au bien-être de ses autres enfans *.

* Le trait suivant peint bien la faiblesse du caractère de Louis XVI. Il venait d'accorder aux instances de sa cour le renvoi de Turgot; « et pourtant, « dit-il en soupirant, il n'y a que lui et moi qui « voulions le bien du peuple! et il le renvoyait. »

Aussi était-ce la cour plutôt que le roi, qui, sous les auspices d'une reine jeune, belle, spirituelle, mais frivole, exerçait la puissance souveraine. C'était elle qui faisait et défaisait les ministres; elle qui exigeait qu'ils fussent *aimables*, c'est-à-dire, prodigues; elle qui avait renvoyé Malhesherbes, Turgot, Necker, parce qu'ils voulaient la réforme et l'économie; elle qui venait d'appeler successivement aux finances Calonne et Brienne. S'apercevant après qu'ils n'avaient fait que creuser l'abîme de la dette, l'un par ses prodigalités, l'autre par son impéritie, elle se détermina au rappel de Necker, sauf à le renvoyer de nouveau quand il aurait procuré de l'argent.

Necker déclara qu'il n'y avait d'autre moyen d'en obtenir, que la convocation des états-généraux, réclamés par le vœu des trois ordres, et solennellement promise par le roi deux ans auparavant. La cour, quoique avec répugnance, en fixa l'ouverture au 5 mai 1789.

Quelques difficultés s'élevèrent dès-lors. Le tiers demandait, eu égard à sa grande supériorité numérique, une députation double de celle de chacun des deux premiers ordres. Necker la lui fit obtenir; il fit, en outre, décider que les protestans pourraient être admis parmi les députés du tiers-état et de la noblesse, et que les curés, qui étaient le tiers-état du clergé, pourraient représenter cet ordre.

Enfin le jour de l'ouverture arriva. La veille, une cérémonie religieuse prépara les états à cette grande solennité. Le clergé et la noblesse y parurent au premier rang et sous un costume magnifique. Le tiers venait le dernier, avec une mise aussi modeste que celle des deux premiers ordres était fastueuse. Le simple habit noir, le manteau court, la cravate de mousseline, le chapeau sans plumes et sans ganse, tel était le costume qui lui avait été prescrit. On avait voulu l'humilier, mais le peuple, qui pénétra l'intention de la cour, lui fit tous les honneurs de la journée, et ne fit entendre qu'un cri : *Vive le tiers état.*

La séance royale eut lieu le 5 mai à Versailles, en présence d'un grand nombre de spectateurs, dans la salle des menus; on y observa, à l'égard du tiers, les mêmes distinctions humiliantes que la veille; mais quand le roi, après s'être assis, se fut couvert, cet ordre, tout entier, contre le cérémonial des précédens états, l'imita en même temps que le clergé et la noblesse.

Le discours du trône ne fut pas tel qu'on avait droit de l'attendre, ni même qu'on l'attendait; on s'aperçut que la cour y avait mis la main. Le roi, après avoir exposé les besoins du trésor, parla du danger des innovations, et exagéra les craintes que devait inspirer l'inquiétude générale des esprits. Les développemens que fournit le garde des sceaux satisfirent encore moins. Le tiers se croyait avec raison appelé à quelque chose de plus qu'à donner son argent ; dès cette première séance il entra en défiance des intentions de la cour, et ne tarda pas à en venir à une mésintelligence ouverte avec les deux autres ordres.

Il demandait que le vote dans les délibérations des états eût lieu, non par ordre, comme anciennement (ce qui eût rendu illusoire l'avantage qu'on lui avait accordé d'une double représentation), mais par tête. Malgré la justice d'une telle prétention, le clergé et la noblesse persistèrent à vouloir se constituer à part.

Le tiers, comme l'ordre le plus nombreux, avait obtenu pour y tenir ses séances, la vaste salle des menus. Cet avantage, tout matériel et insignifiant au premier abord, ne contribua pas peu sans doute au succès de ses desseins ; car, en demeurant dans le lieu où s'étaient ouverts les états, il sembla seul les constituer.

Il soutint avec raison que la vérification des pouvoirs devait se faire conjointement par les députés des trois ordres, et invita, à plusieurs reprises, le clergé et la noblesse à se réunir à lui pour cet objet. Mais après cinq semaines d'une vaine attente, et une dernière invitation, il passa outre sur la motion de Sieyes, se constitua, et bientôt après se *déclara assemblée nationale*, considérant la division et la séparation des deux autres ordres comme illégales, jusqu'à ce qu'ils fussent venus subir, dans son sein, l'examen de leurs mandats.

Cette déclaration du tiers fut suivie de plusieurs autres arrêtés non moins énergiques. L'un borna la perception des impôts existans, à la durée des états; un autre consolida la dette; un troisième nomma une commission des subsistances, chargée de l'approvisionnement de la capitale, alors en proie, ainsi que la plus grande partie de la France, à une disette affreuse.

Ces mesures étaient principalement suggérées et soutenues par deux députés originairement étrangers au tiers, et qui ne lui appartenaient que par leur élection : c'étaient l'abbé Sieyes et le comte de Mirabeau. Sieyes était un esprit vaste, profond, qui avait fait de l'organisation sociale l'objet de ses continuelles méditations. Mirabeau était d'une haute noblesse; mais le privilége de la naissance n'avait été pour lui que celui de l'infortune. Son père, homme dur et jaloux, à ce qu'on prétend, de la supériorité de ses talens, s'était servi du crédit de son rang pour lui faire expier, par la torture des cachots, les désordres d'une jeunesse ardente. Mirabeau, à l'ouverture des états, sentit que le temps était venu pour lui de couvrir ses désordres privés, par l'éclat de la vie publique. Victime du despotisme, il l'avait long-temps étudié, en connaissait tous les ressorts, et le détestait sous toutes ses formes. Aussi les électeurs de son ordre le repoussèrent, et jetèrent aux mains du tiers cette arme puissante. Les propositions que Sieyes avait élaborées, Mirabeau les faisait adopter par son éloquence forte, entraînante, irrésistible. Tous deux exerçaient une influence différente sur l'assemblée : l'un semblait en être la tête, l'autre le cœur.

Cependant la cour s'alarma. Elle résolut un coup d'état, et indiqua une séance royale pour le 23 juin. Le 20, les membres du tiers, se rendant à la salle de leurs délibérations, la trouvèrent occupée par les troupes. Indignés, ils se précipitèrent dans un jeu de paume, qui était proche, et là, sous la présidence de Bailly, savant dont le caractère était un mélange de courage et de candeur, ils jurèrent de ne se séparer qu'après avoir donné une constitution à la France.

Le public ne fut point admis à la séance royale : tout s'y passa comme la cour l'avait projeté. Le roi, après avoir prononcé un discours improbateur des actes du tiers, et impérieusement menaçant, se retira en ordonnant, d'un ton absolu, aux députés de se réunir séparément dans leurs chambres respectives. Les deux premiers ordres obéirent; mais le tiers demeura immobile, morne, silencieux, jusqu'à ce que Mirabeau se levât avec sa foudroyante éloquence : « Quelle est, « s'écria-t-il, cette insolente dicta« ture ?... L'appareil des armes, la « violation du temple national, pour « vous commander d'être heureux ! « Qui vous donne ce commandement ? « Votre mandataire. Qui vous donne « des lois impérieuses ? Votre manda« taire, lui qui doit les recevoir de « vous. »

Le grand-maître des cérémonies étant venu rappeler l'ordre du roi : « Allez dire à votre maître, lui ré« pondit le grand orateur, que nous « sommes ici, par l'ordre du peuple, « et que nous n'en sortirons que par la

« puissance des baïonnettes. — Vous « êtes aujourd'hui ce que vous étiez « hier, ajoute froidement Sieyes : Dé-« libérons. » L'indignation de l'assemblée, muette d'abord, avait trouvé des organes. Sur la motion de Camus, elle décréta le maintien de ses résolutions précédentes, et sur celle de Mirabeau, l'inviolabilité de ses membres.

Dans la séance suivante, quarante-sept membres de la noblesse, parmi lesquels on remarquait principalement le duc d'Orléans et le jeune La Fayette, qui, déjà avait contribué à l'établissement d'un gouvernement constitutionnel en Amérique, vinrent siéger parmi les députés du tiers, fortifié déjà de la majorité du clergé, composé presqu'en entier de curés. Chaque jour amena dès-lors la réunion de quelque membre des deux premiers ordres.

La cour, quoique terrassée, ne se regarda pas comme vaincue. L'autorité du monarque ayant échoué contre la puissance nationale, elle résolut d'avoir recours à la force matérielle. Des troupes, en partie étrangères, furent postées à Saint-Denis, à Sèvres, à Saint-Cloud, et jusque dans le Champ-de-Mars. Versailles et Paris ressemblèrent à deux villes assiégées, et les délibérations de l'assemblée ne furent libres que grâce à son inaltérable courage.

Cependant les esprits étaient à Paris dans la plus grande agitation. La connaissance des obstacles qu'on opposait aux vues régénératrices de l'assemblée, la disette de la capitale à côté des prodigalités de la cour, le voisinage menaçant d'une armée d'étrangers, tout y disposait le peuple à l'insurrection. La nouvelle du renvoi de Necker, le ministre populaire, et de l'inutilité des démarches de l'assemblée, pour obtenir du roi l'éloignement des troupes, en devint le signal. Des groupes nombreux se forment sur les places, dans les rues; mais c'est surtout au Palais-Royal, théâtre ordinaire des rassemblemens, que la foule, indignée, se presse. Là un homme de lettres, jeune, ardent, plein d'audace, Camille Desmoulins, s'élance sur une table, et brandissant un pistolet, s'écrie d'une voix forte: « Citoyens! il n'y a pas un moment à « perdre, le renvoi de M. Necker est le « signal du massacre des patriotes : il « ne nous reste plus qu'une ressource, « c'est de courir aux armes. » Des applaudissemens unanimes le dispensent d'une plus longue harangue : il propose de prendre une couleur pour signe de ralliement; il offre le choix entre le rouge et le vert. Le vert! s'écrie-t-on de toutes parts. Les feuilles des marronniers, qui ombrageaient à cette époque le jardin du Palais-Royal, sont aussitôt transformées en cocardes; et ces arbres, dépouillés aussi haut que la main a pu les atteindre, attestent l'enthousiasme et le grand nombre des défenseurs de la liberté.

On se procure ensuite le buste de

Necker et celui du duc d'Orléans, qui, sous prétexte d'une mission diplomatique, venait d'être exilé en Angleterre. On les promène dans les principales rues, voilés d'un crêpe. Le cortége qui les accompagne se grossit à chaque pas; il met en fuite un détachement de Royal-Allemand qui essaie de l'arrêter; mais il est dispersé par les dragons du prince de Lambesc. Cet officier entre en furieux, à la suite de quelques bourgeois effrayés dans le jardin des Tuileries, y charge une foule de promeneurs paisibles, et met le comble à l'indignation générale.

Non content encore de cette expédition, le prince Lambesc envoie un détachement de soixante de ses dragons se porter devant le dépôt des gardes-françaises, qui avaient été consignées dans leurs casernes, parce qu'elles s'étaient montrées favorables à la cause du tiers : à la vue de ces étrangers, dont la présence leur paraît une provocation, les soldats des gardes s'irritent; pourtant les officiers les contiennent encore; mais, sur la nouvelle qu'un des leurs a été tué dans la charge faite aux Tuileries, ils brisent les grilles de leur caserne, se rangent en bataille, et mettent en fuite, par une décharge, les soldats allemands. Ils s'avancèrent ensuite au pas de charge jusqu'à la place Louis XV, où ils prirent position. Les troupes du Champ de Mars, quoiqu'en grande partie étrangères, les voyant déterminées à se défendre et à soutenir le peuple, refusèrent de les y attaquer. Tandis que le peuple, de son côté, se portait en foule à l'Hôtel de Ville, demandant, à grands cris, *des armes* à une assemblée d'électeurs, pouvoir improvisé, qui prenait les mesures les plus propres à bien diriger son effervescence, des ouvriers la plupart sans ouvrage profitèrent de l'abandon des barrières pour les piller et les incendier.

A la nouvelle de ces événemens,

la consternation parut unanime dans l'assemblée. On envoya au roi une députation, pour le supplier encore une fois d'éloigner les troupes, mais sans succès.

L'assemblée décréta alors, à l'unanimité, la responsabilité des ministres et de tous les conseillers du roi, quels qu'ils fussent; vota des remercîmens aux ministres disgraciés (Necker, Puységur, Montmorin, La Luzerne); confirma ses précédens arrêtés; se mit en permanence jusqu'à nouvel ordre, et attendit avec inquiétude, mais dans une attitude ferme, l'issue des grands événemens qui se préparaient.

Le 13, au matin, le tocsin sonna dans Paris; des tambours parcoururent les rues pour convoquer les citoyens; les soixante districts, dans lesquels les Parisiens s'étaient assemblés, votèrent chacun deux cents hommes pour la défense commune; des bataillons de volontaires s'organisèrent, mais on n'avait pas d'armes! Le prévôt des marchands, auquel on s'adressa pour en obtenir, fit de grandes promesses, indiqua comme devant en contenir, divers endroits où l'on n'en trouva point, finit par dire au peuple qui se croyait joué, qu'il avait été trompé lui-même, et excita de plus en plus, dans cette journée, la défiance de la multitude.

Pendant ce temps, les boutiques d'armuriers furent pillées; on força la maison des lazaristes pour avoir du blé, le Garde-Meuble pour en retirer de vieux fusils, de vieux sabres, de vieilles épées; mais les armuriers reçurent en bons, sur la nation, l'équivalent de leurs marchandises; le blé des lazaristes fut conduit à la halle, tous les objets enlevés au Garde-Meuble, autres que les armes, furent religieusement rapportés à l'assemblée des électeurs. Rien ou presque rien n'en fut détourné; le feu sacré de la liberté n'enflamme point des âmes souillées, ou, tout au moins, n'y entre pas sans les épurer.

L'assemblée des électeurs, forcée par les circonstances de s'arroger les fonctions municipales, organisa la milice parisienne, qu'elle porta provisoirement à quarante-huit mille hommes, remplaça le vert de la cocarde par le bleu et le rouge, couleurs de la ville, et ordonna, pour suppléer au manque de fusils, la fabrication de cinquante mille piques. On passa la nuit qui suivit sur le *qui vive*; les maisons furent illuminées.

Le lendemain, 14, la place de Grève retentit de bonne heure de ce cri, des armes! des armes! Les électeurs, ayant attesté l'impuissance où ils étaient d'en donner, le peuple se porta en masse à l'Hôtel des Invalides, et en força l'entrée sans s'inquiéter du voisinage des troupes campées au Champ de Mars, mais qui ne bougèrent pas. Il ramena en triomphe l'artillerie de l'Hôtel et vingt-huit mille fusils, trouvés dans les caves. es canons furent braqués à l'entrée des faubourgs, aux Tuileries, sur les quais; les fusils distribués aux bataillons déjà organisés.

Cependant une forteresse odieuse au peuple, la mystérieuse Bastille, hérissée de canons, menaçait de comprimer le courage de la résistance; c'était comme un camp ennemi au milieu d'une ville unanime. On y avait tout récemment, pour en renforcer la garnison, fait entrer un détachement de gardes suisses. L'horreur, et surtout la crainte qu'inspirait cet antre du despotisme, avaient dès le matin tourné vers ses tours l'attention de la capitale; des pelotons de citoyens, armés de fusils, de sabres, de piques, de pioches, de faux, de fourches, et même de bâtons, se rendirent, de tous les quartiers, devant ses murs. Vers deux heures, le faubourg Saint-Antoine y descendit en masse : la garnison avait juré ne pas tirer qu'elle ne fût attaquée; mais le peuple, déjà menacé du dehors, ne voulait pas laisser au milieu de lui un continuel sujet d'alarme; il attaqua. Deux hommes s'élancent de ses rangs, abattent le grand pont à coups de haches, et se préparent à assaillir de même le petit pont qui donnait accès dans la seconde cour; la garnison fait alors une décharge. La foule s'éloigne un instant; mais bientôt, revenant avec fureur, elle brave pendant quatre heures le feu le plus vif et le plus meurtrier. Tout à coup la garnison cesse de tirer. Un officier suisse demande, en son nom, à capituler. Élie, Hullin et quelques autres des plus avancés lui promettent la vie sauve. On abaisse le pont, et la forteresse est envahie par une multitude altérée de vengeance. Élie, Hullin, quelques braves essaient de défendre les soldats qui ont capitulé; ils obtiennent qu'on les conduira à l'Hôtel de Ville, où leur sort sera décidé; mais dans la route quelques-uns sont arrachés de leurs mains protectrices, et massacrés. Le gouverneur, objet de tous les ressentimens, est tué sur le Port au Blé. On accorda aux gardes-françaises et aux électeurs la grâce de tous ceux qui purent arriver jusqu'à l'Hôtel de Ville.

Cependant le meurtre du gouverneur Delaunay ne devait pas être, dans cette journée, le terme des vengeances populaires. La salle du comité semblait prête à s'abîmer sous le poids d'une foule d'hommes de toutes les classes, diversement armés, nourris pour la plupart dans les habitudes de la paix, mais alors couverts de poussière, dégouttans de sueur, quelques-uns de sang, et portant sur leur physionomie et dans leurs mouvemens cette agitation sombre qui suit une scène de carnage.

La présence de Flesselles, prévôt des marchands, excitait au plus haut point leur exaspération. Tout à coup un bruit, dont la réalité n'a jamais été bien prouvée, circule. On répand qu'on a trouvé, dans la poche de Delaunay, un billet écrit de sa main, dans lequel il disait : « J'amuse les « Parisiens avec des cocardes et des « promesses ; tenez bon jusqu'au soir, « vous aurez du renfort. » Mille voix demandent son supplice, mille bras s'apprêtent à le frapper. « Qu'il soit « conduit au Palais-Royal pour être « jugé, s'écrient quelques-uns des « moins exaltés. » Le prévôt est contraint d'accéder à ce vœu. Il part sous l'escorte des volontaires de la Bazoche ; mais, au détour du quai Pelletier, un individu lui tire un coup de pistolet et le tue. Sa tête coupée aussitôt est mise, comme celle de Delaunay, au bout d'une pique.

Cependant l'assemblée était en proie à l'anxiété la plus vive : elle savait que l'armée, réunie sous Paris, devait marcher cette nuit même contre ses habitans ; que le maréchal de Broglie, qui la commandait, avait reçu des pouvoirs illimités. Elle envoya *successivement*, au roi, plusieurs députations, d'abord dans le but de prévenir, en obtenant l'éloignement des troupes, le malheur d'une guerre civile; ensuite, lorsqu'elle eut appris que le sang coulait devant la Bastille, dans celui d'arrêter le carnage des citoyens; mais ce fut toujours en vain. Néanmoins, Louis XVI en refusant paraissait se faire violence. Deux députés vinrent enfin, vers les six heures, annoncer la prise de la forteresse; on parlait d'envoyer de suite une nouvelle députation: « Non, dit Clermont-« Tonnerre, laissons leur la nuit pour « conseil : il faut que les rois, ainsi « que les autres hommes, achètent « l'expérience. »

Le lendemain matin, à la nouvelle que le roi lui-même se rendait dans l'assemblée, un grand nombre de députés manifestèrent leur satisfaction : « Attendons, dit Mirabeau ; le sang de « nos frères coule à Paris ; qu'un mor-« ne silence soit le premier accueil

« fait au monarque ; le silence des peu-
« ples est la leçon des rois. » Louis XVI n'aperçut, en entrant dans la salle, que des visages contristés ; mais quand, après avoir annoncé que, pour ôter au peuple tout sujet de défiance, il avait ordonné l'éloignement des troupes, on l'entendit ajouter : « Eh bien,
« c'est moi qui me fie à vous, » il n'y eut qu'un même élan d'enthousiasme ; l'assemblée tout entière se leva, et le reconduisit au château. La cour, atterée par les événemens de la veille, venait enfin de lui permettre d'agir selon son cœur. Malheureusement elle avait attendu pour cela qu'un sang précieux, celui d'une multitude de citoyens, eût coulé.

Le 16, le roi envoya annoncer à l'assemblée le rappel de Necker, et le lendemain il partit pour Paris, où La Fayette le reçut à la tête de la milice parisienne, dont il avait été nommé commandant. Le peuple ne fit d'abord entendre sur son passage que le cri de *vive la nation*, et ce ne fut que lorsqu'il l'eut vu prendre des mains de son maire, le vénérable Bailly, la cocarde nationale, qu'il fit entendre avec enthousiasme celui de *vive le roi*. Louis, dans cette journée, reconquit la confiance universelle.

Mais aussi dès lors l'émigration commença; les princes en donnèrent l'exemple. Necker, qui déjà était à Bâle, en revint à toute hâte, et éprouva sur sa route combien la disgrâce ajoute à la popularité : il devait bientôt éprouver aussi à quel point elle est éphémère dans le rapide tourbillon des révolutions. L'intendant Foulon, son successeur désigné, qu'on accusait d'avoir tenu, au sujet du peuple, un propos atroce, avait été, ainsi que son neveu Berthier, pendu à la branche d'un réverbère. Quelques personnes attendaient dans les prisons une sentence rigoureuse. Necker désira borner le cours des vengeances populaires. Il obtint des électeurs un acte d'amnistie qui, n'ayant pas eu l'approbation des districts, fut rapporté le lendemain. Dès cet instant le crédit qu'il avait sur l'esprit du peuple commença à décliner.

L'agitation ne s'était pas bornée à l'enceinte de la capitale. Partout dans les provinces, le peuple, méconnaissant les anciennes autorités, s'assemblait et organisait lui-même son administration. Jamais la France n'eut une physionomie plus démocratique qu'à cette époque, où tout se faisait sans la participation ou contre le vœu de l'aristocratie et de la royauté.

Dans quelques villes, l'effervescence populaire fit des victimes; et dans les campagnes elle éclata contre les châteaux. Quelques-uns furent pillés, d'autres incendiés; mais dans la plupart on se contenta d'enlever et de lacérer les titres féodaux.

L'arbitraire ministériel avait disparu; mais la féodalité soulevait encore ses mille têtes : une nuit suffit pour les abattre toutes. Le vicomte de Noailles eut l'honneur de la première attaque. La séance du 4 août s'était beaucoup prolongée, lorsqu'il proposa de rendre les droits féodaux rachetables; on en fit autant à l'égard des dîmes ecclésiastiques et des privilèges exclusifs de chasse, de garenne, de colombier, de fuye, de pavillon, de girouette, etc.; la vénalité des charges de judicature, les annates de la cour de Rome, les jurandes, les maîtrises, les immunités de corps et de province, en un mot, le plus grand nombre des abus de l'ancien régime disparut au milieu d'un enthousiasme presque unanime. La plupart de ceux qui s'étaient montrés jusqu'alors opposés au vœu du peuple furent entraînés. Il y eut en quelque sorte rivalité de sacrifices entre les intéressés eux-mêmes dans cette mémorable séance de nuit.

L'assemblée nationale, après quelques mesures purement administratives (car elle s'était vue contrainte de suppléer par sa propre autorité à celle d'un gouvernement qui ne trouvait plus d'obéissance nulle part), s'occupa enfin de la constitution. Elle commença par rédiger une déclaration des droits de l'homme, et proclama les principes éternels des sociétés.

Elle eut bientôt à délibérer sur la division des pouvoirs et sur leurs rapports respectifs; beaucoup de ceux qui avaient jusqu'alors marché sous la même bannière se divisèrent; car ce n'était plus une question d'équité, mais d'opinion. On laissa, d'un consentement unanime, le pouvoir exécutif entre les mains du roi, mais en restreignant beaucoup ses limites; on n'accorda au chef de l'État aucun genre d'action sur l'assemblée; il n'eut pas même l'initiative des lois, mais on lui donna le véto suspensif, c'est-à-dire, la faculté d'en différer la promulgation jusqu'à un certain délai, qui fut borné à la durée de deux législatures; on eut ensuite à déterminer la forme des assemblées législatives subséquentes. Quelques personnes en tête desquelles on voyait Necker, Lally-Tollendal, Mounier, auraient voulu l'établissement de deux chambres comme en Angleterre; mais la majorité se déclara pour une seule, tout entière à la nomination du peuple. Ces diverses dispositions constitutives ne furent pas adoptées sans donner lieu au dedans de l'assemblée à des discussions fort vives, et au dehors à beaucoup d'agitation. La proposition faite par quelques membres, d'accorder au roi le *veto* absolu, excita surtout parmi le peuple un grand mécontentement; on écrivit des lettres menaçantes à ceux qui l'avaient le plus vivement soutenue; on parla de les révoquer, et Mirabeau, qui était du nombre, perdit dès-lors beaucoup de sa popularité, qu'on l'accusait d'avoir vendue.

Cependant Louis XVI, qui avait reçu de l'assemblée le titre de *restaurateur de la liberté française*, était toujours sous l'influence de la cour. Il ne s'y dérobait momentanément que par des promesses; puis il lui laissait employer tous ses moyens à contrarier l'exécution des mesures les plus populaires. Il n'avait promulgué qu'après beaucoup de difficultés et de délais, les décrets de la nuit du 4 août; il n'hésitait pas moins à sanctionner la déclaration des droits. Ainsi la cour ne faisait qu'entretenir la défiance entre la nation et le monarque, et mettait ainsi un homme aux prises avec tout un peuple, sans prévoir les conséquences d'une si grande témérité, ou du moins sans les craindre.

Versailles se remplit encore une fois de troupes; on parla de préparatifs pour la fuite du roi. Ces bruits n'étaient pas sans fondement. Là, hors de la surveillance de Paris et de l'assemblée, la cour espérait qu'il lui serait plus aisé d'agir pour le rétablissement de son ancienne autorité. Les officiers des troupes nouvellement arrivées furent de sa part l'objet de toutes sortes de séductions. On les fêta dans le château même ; on les encouragea au mépris de la constitution. Ces militaires, excités par la fumée du vin, allèrent dans un repas, qui leur fut donné par les officiers des gardes-du-corps, jusqu'à fouler aux pieds les couleurs nationales ; et le roi et la reine ne dédaignèrent pas de paraître dans la salle de ce festin incivique.

L'assemblée, instruite de toutes ces choses, en fut profondément indignée. Elle venait, après une discussion fort vive, d'envoyer au roi une députation pour le prier d'accepter la déclaration des droits, et de seconder de tous ses pouvoirs les intentions du comité chargé de l'approvisionnement de Paris, lorsque l'arrivée inattendue d'une multitude de femmes vint la frapper d'étonnement.

Rassemblées de grand matin à Paris, au son d'un tambour que frappait une jeune fille en criant : *du pain, pain*, elles s'étaient mises en marche sous la conduite de Maillard, l'un des vainqueurs de la Bastille. Parties furieuses et avec des intentions hostiles, elles se bornèrent cependant, sur la représentation de leur guide, à supplier l'assemblée et le roi de subvenir à la détresse de la capitale où le pain avait manqué entièrement ce jour-là. Elles parurent satisfaites des réponses qu'on leur fit ; mais un volontaire parisien ayant été blessé d'un coup de sabre par un officier des gardes-du-corps, la foule força leur hôtel, en blessa quelques - uns, et aurait sans doute poussé plus loin sa vengeance, si la pluie et surtout l'ordre que les gardes reçurent de cesser le feu n'eussent mis fin au combat.

Cependant La Fayette arriva à la tête de la garde parisienne, qu'il avait été obligé de suivre après avoir essayé en vain de la retenir. Il était suivi des gardes françaises et d'une multitude de peuple. Grâces aux dispositions qu'il prit, la nuit fut calme : la sécurité fut même trop grande au château ; car les gardes ayant laissé une de ses grilles entr'ouverte, donnèrent lieu à quelques volontaires de s'introduire dans les cours. Bientôt une querelle s'engagea entre eux et un garde qu'ils aperçurent à une fenêtre. Celui-ci tira sur leur groupe et leur blessa un homme ; aussitôt leurs cris éveillent la multitude qui s'était depuis quelque temps abandonnée au sommeil (il était six heures du matin). Les portes du château sont enfoncées, les appartemens envahis, et la reine, devenue plus particulièrement l'objet de la haine du peuple, court le plus grand danger. Heureusement les gardes françaises et La Fayette arrivent à son secours, et écartent les assaillans. Le roi, pour les calmer, se montra au balcon avec son épouse et ses enfans, et promit de les accompagner à Paris.

La translation simultanée de l'assemblée et de la cour au sein de la capitale, apaisa pour un temps les inquiétudes du parti populaire. En effet, l'assemblée s'y trouvait plus en sûreté, et la cour surveillée de plus près. La multitude se flattait, en outre, qu'ayant au milieu d'elle ces deux grands pouvoirs, sa subsistance serait désormais plus assurée.

Ceci n'empêcha pourtant point qu'on ne pendît quelque temps après un malheureux boulanger nommé *François*, accusé à tort d'être un accapareur. Pour empêcher à l'avenir de semblables excès, l'assemblée décréta la loi martiale, en vertu de laquelle l'autorité municipale pouvait, après trois sommations successives, disperser les attroupemens par la force des armes.

Une tentative inutile que fit, dans le Dauphiné, le député Mounier, pour soulever cette province en faveur de son système des deux chambres, donna lieu à une autre mesure. Pour déraciner l'esprit particulier des provinces, et le fondre, pour ainsi dire, dans l'esprit national, on changea l'ancienne circonscription territoriale. Les provinces furent morcelées, et la France se trouva composée de quatre-vingt-trois parties, appelées départemens. Le département fut subdivisé en districts (plus tard en arrondissemens), le district en cantons, le canton en communes. Dans la première, comme dans la dernière de ces divisions, tout fut administré par des magistrats nommés par le peuple, soit directement, soit par électeurs. Ainsi on établit un double degré d'élection. Tout citoyen actif (et pour être tel, il suffisait de payer une imposition équivalente à une journée de travail), fut admis à nommer le maire de sa commune, le juge de paix de son canton, et des *électeurs* choisis par les citoyens furent chargés de désigner les administrateurs du département, ceux du district, les juges des tribunaux et les députés à l'assemblée législative.

Cependant, malgré un subside extraordinaire accordé au ministre des finances, un immense déficit restait encore à combler. Il n'y avait qu'une mesure capable d'y conduire, la vente des biens ecclésiastiques. L'évêque d'Autun, Talleyrand, ne craignit pas de la proposer. On sent bien qu'elle ne put passer sans une opposition fort vive. En tête des orateurs qui défendirent les intérêts du clergé, on remarquait l'abbé Maury, esprit subtil, délié, mais sophistique et déclamateur. Il fut vivement secondé par Cazalès, l'orateur de la noblesse, dont l'éloquence vive et prompte pouvait se comparer à celle d'un patricien de l'ancienne Rome. Malgré leurs communs efforts, l'assemblée décréta la disponibilité de 40,000,000 de propriétés religieuses. Les orateurs de la majorité, et surtout Mirabeau, établirent que ces propriétés, ayant été données au culte et non aux ministres, la nation était en droit de les reprendre, du moment qu'elle se chargeait de subvenir aux besoins du culte.

Les biens décrétés furent consacrés à l'hypothèque de quatre cent millions de billets d'État, auxquels on donna un cours forcé. Telle fut l'origine des assignats. Cette ressource, bonne dans son principe, ne devint mauvaise que par l'abus qu'on en fit.

Il était indispensable que les circonscriptions diocésaines coïncidassent avec la nouvelle division que l'assemblée avait faite du territoire de la France. En conséquence, on arrêta qu'il n'y aurait pas plus d'évêques que de départemens, qu'ils seraient nommés par les électeurs, sur une liste d'ecclésiastiques, et que les chapitres des chanoines seraient remplacés par des vicaires. Telles furent les dispositions de la fameuse constitution civile du clergé. On décréta, en outre, que l'énorme revenu des évêques serait réduit, et le modique traitement des curés augmenté.

Sur ces entrefaites, on vit échouer successivement une conspiration dont le fil s'étendait de Turin à Lyon ; une tentative de soulèvement faite dans le Languedoc par le clergé, et un complot formé par un gentilhomme nommé Favras pour enlever le roi.

Cependant l'assemblée, sans s'arrêter à la réclamation du côté droit (où siégeaient les dissidens du clergé et de la noblesse), qui demandait le renouvellement de ses membres, aux termes de leur mandat, poursuivait son œuvre constitutionnelle. Elle réglait la hiérarchie judiciaire ; le juri et la cour de cassation étaient institués; elle donnait au roi l'initiative des propositions de guerre, mais se réservait de juger de leur opportunité. Enfin, elle proclamait l'abolition des ordres de chevalerie, des titres, des armoiries, des livrées, de tous les hochets de la vanité, et à cette époque d'énergique raison, il ne se trouva presque personne qui eût assez peu de pudeur pour désapprouver un tel arrêt. Elle préludait ainsi en détruisant tout ce qui existait encore de la féodalité, à une grande fédération nationale, qui devait avoir lieu dans le Champ-de-Mars à l'occasion de l'anniversaire du 14 juillet.

Aux approches de ce jour, plus de cent mille députés affluent à Paris de tous les points de la France, de tous les bataillons de l'armée; les habitans de la capitale les reçoivent avec cordialité, avec enthousiasme : on dirait que l'hospitalité des cités antiques est tout à coup passée dans leurs mœurs. Mais c'est surtout au Champ-de-Mars que l'élan national a quelque chose de sublime, qu'il offre un de ces spectacles rares, presqu'inouis dans les annales des siècles et qui n'est pas donné au bon plaisir des monarques même les plus puissans de pouvoir reproduire. Là, des gardes nationaux et de jeunes ecclésiastiques, des portefaix et des banquiers, des artisans, des magistrats, des élégans et jusqu'à des petites maîtresses, remuent la pioche et roulent la brouette avec une ardeur égale. Chacun veut contribuer de son travail personnel aux préparatifs de la grande fête, de la fête nationale. Enfin le jour où elle devait être célébrée arriva. La Fayette, au nom des troupes et de toutes les gardes nationales du royaume, dont il avait été nommé commandant pour cette solennité, prononça sur l'*autel de la patrie*, le serment constitutionnel *d'être fidèle à la nation, à la loi, au roi.* Le roi le répéta avec la modification nécessaire, aux acclamations de plus de trois cent mille spectateurs qui faisaient retentir l'air des cris de *vive la nation! vive le roi!* La reine elle-même partagea l'enthousiasme universel. « Voilà mon fils, dit-elle, en élevant le « dauphin dans ses bras; il se réunit « ainsi que moi dans les mêmes senti- « mens. » Tout fut beau dans cette fête excepté le temps qui sembla s'attacher à la contrarier.

Ce ne fut pendant plusieurs jours que fêtes données par la ville aux fédérés des départemens. Un bal eut lieu sur les ruines de la Bastille (car on l'avait en grande partie démolie); au-dessus de la porte d'entrée on lisait ce peu de mots qui contenaient à eux seuls une grande leçon et une longue histoire : « *Ici l'on danse.* »

Cependant la cour cherchait à humilier l'assemblée en inquiétant deux de ses membres, le duc d'Orléans et Mirabeau, comme instigateurs du mouvement populaire des 5 et 6 octobre. Necker, dont les plans ne s'accordaient plus avec sa marche, quittait, sans exciter beaucoup de regrets, le ministère auquel il avait été rappelé par des vœux si ardens; les officiers nobles, dépouillés par ses décrets de leurs prérogatives militaires, allaient grossir les rangs de l'émigration. Les soldats qui avaient une opinion et des intérêts différens les détestaient, et la haine qu'ils leur portaient fut l'occasion de plusieurs insurrections. A Nancy trois régimens se soulevèrent contre leurs chefs. Après un combat meurtrier avec les troupes de Bouillé, ils furent forcés de se soumettre. Mais le parti populaire les regarda comme des martyrs de sa cause.

Cependant la plupart des évêques, s'appuyant d'une bulle pontificale qu'ils avaient sollicitée, déclarèrent ne pouvoir se soumettre à la coustitution civile de leur ordre. L'assemblée voulut les y forcer ; elle déclara que tout ecclésiastique prêterait, sous peine de destitution, le serment constitutionnel. Ce fut un brandon de sédition qu'elle mit aux mains des prêtres. Il y eût schisme alors dans l'Église catholique de France. Le clergé réfractaire remua de tous côtés pour exciter des troubles religieux ; il déclara apostats les ecclésiastiques assermentés, nuls les sacremens qu'ils administraient, excommuniés ceux qui y participaient, et défendit aux fidèles d'avoir avec eux aucune communication, aux officiers municipaux de les intaller, aux sacristains de les servir, aux sonneurs de cloches de carillonner pour eux, sous peine de damnation éternelle. Mais la constitution civile n'était pas à elle seule ce qui blessait le clergé; une cause non moins vive de son mécontentement fut l'aliénation de ses biens; c'était dans la chaire le texte de toutes ses déclamations, dans le tribunal de la pénitence l'objet de ses doléances intéressées; le décret qui avait rendu les propriétés ecclésiastiques disponibles, était, selon lui, sacrilége, et ceux qui les achetaient étaient des impies. En un mot, pour nous servir des expressions d'un historien distingué (M. Mignet) : « Il « n'oublia rien pour faire intervenir « Dieu dans la cause de ses richesses. » Il ne vit pas ou ne voulut pas voir qu'en mettant ainsi la religion aux prises avec l'intérêt public, il la compromettait, tout comme l'aristocratie avait compromis la royauté en voulant en faire un égide à ses prétentions.

Ce fut alors que le club des jacobins,

originairement fondé à Versailles par des députés bretons, et qui prit le nom, sous lequel il obtint une célébrité si déplorable, de l'ancien couvent des jacobins, où il s'installa après la translation de l'assemblée dans la capitale, commença à étendre son influence sur une partie de la France.

Cependant les tantes du roi émigrèrent, et ce prince, lui-même, allait sans doute se laisser entraîner à leur suite, si la vigilance de La Fayette n'eût déjoué les mesures prises pour son départ par les courtisans. On décréta alors que la sortie du roi hors du royaume donnerait lieu à sa déchéance et livrerait la direction du pouvoir exécutif au plus proche héritier du trône.

Sur ces entrefaites, l'aigle de l'assemblée constituante, Mirabeau, mourut; son deuil fut porté par la France entière, et ses collègues lui donnèrent les honneurs du Panthéon national (précédemment l'église de Sainte-Geneviève), tout récemment consacrée à la sépulture des grands hommes.

Cependant le roi s'était déterminé à quitter Paris; il parvint, à la faveur d'un déguisement, à tromper, avec la reine, le dauphin et sa sœur, et madame Élisabeth, la surveillance dont il était l'objet; mais il fut reconnu à Varenne par le fils du maître de poste, et arrêté. Bouillé, qui, dans les mesures qu'il avait prises pour protéger sa fuite, avait échoué, tenta, tout aussi vainement, de l'enlever. Louis XVI fut reconduit à Paris, sous l'escorte de plus de dix mille gardes nationaux, accourus des villages et des villes du voisinage au son du tocsin. La fuite du roi était, selon nous, une faute contre les intérêts de son trône, mais ses adversaires politiques n'en firent-ils pas une plus grande, en ordonnant qu'il fût arrêté? S'ils l'eussent laissé émigrer, ils fermaient à sa dynastie, et peut-être à la royauté, la porte de la France. La république, objet de leurs vœux, se serait dès-lors assise, et il n'y eût pas eu de secousses au dedans, ou il y en aurait eu beaucoup moins.

Cependant l'assemblée s'était saisie de tous les pouvoirs que le roi, et le régent présumé, Monsieur, par sa fuite simultanée, semblaient lui avoir abandonnés. Elle manda à sa barre les ministres et les principales autorités, adressa une proclamation au peuple pour calmer son agitation, prit des mesures pour s'assurer la fidélité des troupes, et ordonna au ministre des relations extérieures de correspondre en son nom avec les puissances étrangères. Bientôt, à la nouvelle de l'arrestation du monarque, elle envoya trois commissaires au devant de lui. Il n'eut pas lieu d'être flatté de l'accueil qui lui fut fait à sa rentrée. Le peuple y assista silencieux et couvert. L'assemblée le suspendit de ses fonctions, ordonna qu'il serait gardé à vue, ainsi que la reine, et nomma une commission pour les interroger.

Le parti républicain, qui, jusqu'alors s'était tenu en arrière, commença à se montrer : il avait un point d'appui puissant dans le peuple. Il demanda la déchéance du monarque. Les constitutionnels de diverses nuances, La Fayette, les Lameth, Barnave, qui s'étaient laissés toucher par la situation pénible du roi et par les prévenances de la reine, se réunirent pour combattre cette proposition, et la firent rejeter. On décréta pourtant que si le roi rétractait le serment qu'il avait fait à la constitution, s'il faisait la guerre au peuple, ou souffrait qu'on la lui fît en son nom, il serait censé avoir abdiqué, et que, rendu alors à la condition de simple citoyen, il deviendrait, comme tel, justiciable des tribunaux.

Les partisans de la déchéance, presque tous en dehors de l'assemblée, essayèrent alors de la ressource de l'insurrection. L'assemblée brava les clameurs de la multitude, que le respect qu'elle inspirait contint encore plus que la garde dont elle s'était environnée. Cependant, ayant appris qu'une pétition, rédigée par le journaliste républicain Brissot, dans le but d'obtenir la déchéance, était déposée au Champ-de-Mars, sur l'autel de la patrie, et que le peuple s'y rendait en foule pour la signer, elle chargea la municipalité et le commandant de la garde nationale de pourvoir à la sûreté publique, ou, en d'autres termes, de disperser les pétitionnaires. On ne voit pas trop de quel droit elle prétendait leur interdire un moyen légal de manifester leur vœu. Le rassemblement n'opposa pas d'abord de résistance; il se rendit aux exhortations de Bailly et de La Fayette, deux des plus grandes popularités du jour. Malheureusement il n'en fut pas de même une seconde fois. Deux invalides, qu'on avait trouvés cachés sous l'autel de la patrie, sans qu'on ait jamais bien su dans quel but, furent massacrés par le peuple qui les prit pour des espions ; son exaspération devint des plus grandes. La garde nationale, quand elle se présenta, fut assaillie à coup de pierres, et se vit dans la dure nécessité de tirer. La multitude se dispersa, mais ses chefs ne pardonnèrent jamais à Bailly et à La Fayette d'avoir fait exécuter la loi.

Cependant l'émigration qui avait deux quartiers-généraux, l'un à Worms, sous le prince de Condé, l'autre à Coblentz, sous le comte d'Artois, se recrutait insensiblement. L'arrivée de Monsieur, qui, parti le même jour que le roi, mais par une autre route, était parvenu à franchir la frontière, sembla lui donner plus de consistance, et accroître son activité. Déjà, une première fois, le comte d'Artois était parvenu à provoquer, contre les principes et les actes de notre révolution, une ligue de presque toutes les puissances européennes. Des débris de cette première coalition, dont la fuite de Louis XVI avait entraîné la dissolution (car il était convenu que ce prince n'entreprendrait rien personnellement), il s'en forma, à Pilnitz, une nouvelle dans laquelle entrèrent seulement la Sardaigne, la Prusse et l'Autriche. Pour donner à l'invasion de ces trois puissances, une apparence de justice, et s'il était possible, un point d'appui au dedans, deux cent quatre-vingt-dix membres de l'assemblée nationale protestèrent contre ses décrets. Celle-ci, après deux ans de travaux, était sur le point de terminer sa mémorable session. Pour mettre à l'abri de l'atteinte des partis la constitution qu'elle avait créée, elle arrêta qu'elle ne pouvait être révisée, qu'après un intervalle de trente ans. Elle décida encore qu'aucun député ne pourrait être nommé, par le prince, à aucun emploi pendant quatre années, à dater de l'expiration de son mandat, et que les membres d'une assemblée ne pourraient l'être de la suivante. Cette dernière détermination a été blâmée, et avec raison. Il eût plutôt fallu, autant que la liberté de l'élection eût pu le permettre, confier l'exécution et la garde de la constitution à ceux dont elle était l'œuvre. Quoi qu'il en soit, l'assemblée, avant de se séparer, en envoya une copie au roi, dont la suspension venait d'être levée. Ce prince, après plusieurs jours d'examen, lui écrivit : « J'accepte la constitution ; je prends « l'engagement de la maintenir au de- « dans, de la défendre contre les atta- « ques du dehors, et de la faire exécu- « ter par tous les moyens qui sont en « mon pouvoir. Je déclare, qu'instruit « de l'adhésion que la grande majorité « du peuple donne à la constitution, « je renonce au concours que j'avais « réclamé dans le travail, et que, n'é- « tant responsable qu'à la nation, nul « autre, lorsque j'y renonce, n'a le « droit de s'en plaindre. » Quelques jours après (le 29 septembre), il vint au sein de l'assemblée renouveler, de vive voix, cette déclaration. Il prononça un discours rempli d'expressions touchantes, prouvant les intentions les plus pures et les plus libérales, tel, en un mot, qu'il était accoutumé d'en faire, quand il ne suivait d'autre impulsion que celle de son cœur; et les acclamations d'amour et d'enthousiasme qu'il avait excitées, retentissaient encore dans la salle, quand le président Thouret annonça que l'assemblée constituante, ayant achevé sa mission, terminait en ce moment ses séances.

L'assemblée constituante avait satisfait au vœu unanime de la France; elle lui avait donné une constitution qui assurait au peuple la jouissance de ses droits politiques, et des libertés publiques, sous l'égide d'un roi. Cette constitution eut bien certainement pris racine, si le pouvoir exécutif l'eût adoptée avec une ferme volonté de la maintenir, et si ceux qui voulaient dépasser le but atteint, n'eussent pas trouvé dans l'opposition ouverte des amis de l'ancien régime, un motif presque légitime d'attaque et de bouleversement.

La nouvelle assemblée, qui prit le nom *d'assemblée nationale législative*, ouvrit ses séances le premier octobre. Elle vota des remercîmens à l'assemblée constituante, et montra d'abord l'intention de suivre exactement le plan de conduite qu'elle lui avait tracé. Mais la cour n'oublia rien pour détruire la confiance qui semblait entièrement rétablie entre la nation et son chef. Depuis la dernière séance de la constituante, le roi, sur lequel elle avait repris toute son influence, affecta avec les nouveaux députés un ton de hauteur qui les indisposa. Ils usèrent de représailles, en affectant à leur tour d'en agir avec le monarque sur un pied d'égalité. Louis XVI vit bien qu'il ne pouvait pas persister dans la conduite que ses courtisans essayaient de lui faire suivre. Il parut dans l'assemblée, laissa encore parler son cœur, et des applaudissemens unanimes scellèrent une nouvelle réconciliation du monarque avec son peuple. Malheureusement il devait, en sortant de l'assemblée, rentrer au milieu d'une cour qui ne savait ni penser ni sentir comme lui.

Les rapports d'opinions dans la nouvelle assemblée n'étaient plus les mêmes que dans la constituante. La minorité aristocratique de la droite avait fait place à une minorité constitutionnelle, en tête de laquelle figuraient Dumas, Ramond, Beugnot, Vaublanc; et à la majorité constitutionnelle on voyait succéder une majorité républicaine, placée sous l'influence de Brissot, Vergniaud, Guadet, Gensonné, Isnard, en une mot, *de la Gironde*, partie de l'assemblée ainsi nommée du département qui en avait fourni les membres les plus distingués. Celle-ci devait pourtant devenir la minorité à son tour, quand le côté gauche, non pas plus républicain, mais plus démocratique encore, aurait acquis la prépondérance. Tel fut l'envahissement progressif des partis jusqu'en 1795, époque à laquelle l'exaltation populaire, arrivée à son plus haut terme, commença à décroître, et céda peu à peu le champ de bataille à l'opinion républicaine modérée, puis enfin à l'opinion royaliste.

Chaque parti avait au dehors son point d'appui dans un club. Les royalistes constitutionnels se réunissaient aux Feuillans, les républicains moderés aux Jacobins, et les républicains exaltés aux Cordeliers et au faubourg Saint-Antoine. Ceux-ci devaient ne pas tarder à dominer les jacobins mêmes. La destinée de ce club était d'être, comme l'assemblée, successivement envahie par les partis les plus extrêmes de chaque phase révolutionnaire, avec cette différence que l'opinion modérée, quand une fois elle en fut exclue, n'y eut plus d'accès, même après 1793

Cependant les prêtres réfractaires mettaient tout en œuvre pour exciter, dans l'intérieur, des troubles religieux, tandis qu'au dehors l'émigration prenait une attitude menaçante. Monsieur avait revêtu le titre de régent et protesté contre l'acceptation de la constitution par le roi, qu'il affectait de considérer comme prisonnier de l'assemblée, et n'ayant pu par conséquent librement agir. La noblesse accourait à Coblentz et à Worms de tous les points de la France ; on accusait de lâcheté ceux de cet ordre qui tardaient trop à s'y rendre; les femmes leur envoyaient des quenouilles en signe de mépris. Les émigrés donnaient au pays, qui leur servait de place d'armes plutôt que d'asile, le nom de *France extérieure*, et ils ne cachaient pas leur projet d'envahir l'autre avec l'appui de plusieurs puissances étrangères. Au reste, ils s'imaginaient et étaient même parvenus à persuader à ces puissances, que leur rentrée et le rétablissement de l'ancien ordre de choses n'éprouveraient que fort peu d'obstacle.

L'assemblée crut que les temps étaient venus de proclamer des mesures répressives contre les menées contre-révolutionnaires du clergé réfractaire à l'intérieur et de la noblesse au dehors. Elle rendit successivement dans ce but trois arrêtés ; le premier déclarait Monsieur déchu de ses droits à la régence, s'il n'était rentré en France dans un délai de deux mois ; le second portait peine de mort contre les Français qui demeureraient en état de rassemblement sur la frontière, après le même délai, et ordonnait le séquestre, mais non encore la confiscation de leurs biens ; enfin le troisième privait de leur pension les prêtres qui continueraient à refuser de prêter le serment civique, et déclarait passibles de la détention ceux qui seraient convaincus d'avoir usé de leur ministère pour exciter des troubles.

Le roi ne voulut accorder sa sanction qu'au premier de ces décrets. Cependant les ministres ne faisaient rien pour y suppléer; ils ne mettaient même en défense ni nos frontières ni nos côtes, et leur négligence à cet égard, joint au ton d'intimité qu'ils conservaient dans leur relation avec les cabinets, ennemis avoués de la France constitutionnelle, les faisait soupçonner de complicité avec l'émigration. Le comité diplomatique appela l'attention de l'assemblée sur cet important objet. « Parlons, dit à cette « occasion le girondin Isnard, aux « ministres, au roi, à l'Europe en« tière avec la fermeté qui nous con« vient. Disons à nos ministres que, « jusqu'ici, la nation n'est pas très« satisfaite de la conduite de chacun « d'eux; que désormais ils n'ont à « choisir qu'entre la reconnaissance « publique et la vengeance des lois, « et que, par le mot responsabilité, « nous entendons la mort. Disons au

« roi que son intérêt est de défendre
« la constitution; qu'il ne règne que
« par le peuple et pour le peuple, que
« la nation est son souverain et qu'il
« est sujet à la loi. Disons à l'Europe
« que le peuple français, s'il tire l'é-
« pée en jetera le fourreau, n'ira le
« chercher que couronné des lauriers
« de la victoire; que si des cabinets en-
« gagent les rois dans une guerre con-
« tre les peuples, nous engagerons les
« peuples dans une guerre à mort con-
« tre les rois. Disons-lui que tous les
« combats que se livrent les peuples
« par l'ordre des despotes, ressemblent
« aux coups que deux amis, excités
« par un instigateur perfide, se por-
« tent dans l'obscurité; si la clarté du
« jour vient à paraître, ils jettent
« leurs armes, s'embrassent et châ-
« tient celui qui les trompait; de mê-
« me, si, au moment où les armées
« ennemies lutteront avec les nôtres,
« le jour de la philosophie frappe leurs
« yeux, les peuples embrasseront à

« la face des tyrans détrônés, de la « terre consolée et du ciel satisfait! » Conformément aux conclusions du comité diplomatique et à celles d'Isnard, l'assemblée décréta qu'on enverrait au roi un message pour le supplier d'engager les princes allemands à faire cesser les rassemblemens d'émigrés qui s'étaient formés sur leurs territoires avec des vues d'hostilités contre la France, et s'ils s'y refusaient, d'employer la force pour les y contraindre.

Cette démarche eut en partie l'effet qu'on en désirait. Le roi somma l'électeur de Trèves et les princes limitrophes de dissiper les rassemblemens d'émigrés, et confia le porte-feuille de la guerre au feuillant Narbonne, franchement attaché au système constitutionnel.

Mais les ministres contre-révolutionnaires demeuraient encore les plus forts; ils ne cessèrent de contrarier les mesures prises par leur nouveau collègue pour l'honneur et la sûreté de la

France, et parvinrent même à obtenir son renvoi. L'assemblée prit alors contre eux une mesure énergique; elle les manda à sa barre et ordonna que le plus coupable, celui des relations extérieures (Delessart), serait traduit devant la haute cour d'Orléans.

Le roi parut alors fermement décidé à échanger le frêle appui de l'émigration contre celui de l'assemblée, et choisit un ministère populaire. Ses membres les plus remarquables furent Dumouriez, guerrier habile, politique à vues grandes, mais ambitieuses, aux relations extérieures; et à l'intérieur, Roland, homme d'une vertu rigide et d'une simplicité antique.

Cependant l'électeur de Trèves, tout en promettant de donner satisfaction à la France, au sujet des armemens des émigrés, s'était borné à enjoindre à ceux-ci un peu plus de circonspection. L'Autriche, d'ailleurs, s'était engagée à le soutenir en cas d'attaque. Cette puissance ne déguisait plus ses plans hostiles envers la France; elle rassemblait sur ses frontières une armée formidable d'observation, et avait même tout récemment établi en Suisse, sur le territoire de Porentrui, un poste avancé qui lui ouvrait l'entrée du département du Doubs. Le nouveau ministre décida le roi à lui déclarer la guerre, qui était ardemment désirée par la France entière.

Nos ressources militaires venaient d'être accrues par une levée de cent cinquante mille hommes. On forma sur la frontière du nord, trois armées dont le commandement fut confié aux généraux Rochambeau, Lukner et La Fayette. Dumouriez fit adopter le plan d'une triple invasion en Belgique; mais les deux corps les plus avancés du maréchal de Rochambeau, à peine arrivés en face de l'ennemi, se débandèrent au cri de *sauve qui peut*. Les soldats attribuèrent ce double échec à la trahison ou à l'impéritie de leurs chefs, les chefs au peu d'habitude et au manque de courage de leurs soldats.

La retraite de Rochambeau entraîna celle de La Fayette qui s'était avancé jusqu'à Bouvines, après avoir fait en quelques jours près de cinquante lieues.

Ces événemens qui consternaient tous les bons citoyens, exaltèrent la joie des contre-révolutionnaires. La cour avait réuni autour du roi plus de six mille hommes, sous prétexte de former sa garde; l'assemblée cassa cette garde. Elle prononça la peine du bannissement contre les prêtres réfractaires qui ne cessaient de fomenter des troubles, et ordonna qu'un camp de vingt mille hommes serait établi sous les murs de Paris. Le roi, en apposant son *veto* à ces divers décrets, excita au plus haut point le mécontentement du peuple, déjà trop disposé à croire qu'il favorisait les ennemis de la révolution. Depuis quelque temps on croyait s'apercevoir que les courtisans reprenaient sur l'esprit de ce prince leur ancien ascendant, qu'il n'avait que momentanément secoué. On en fut bientôt entièrement convaincu par le renvoi des ministres patriotes, Servan, Clavière et Roland. L'assemblée, en décrétant qu'ils emportaient les regrets de la nation, témoigna combien elle blâmait cette mesure du monarque; mais la multitude ne se contenta pas de cette marque légale d'improbation. Le 20 juin, un rassemblement de plusieurs milliers d'hommes armés se porta du faubourg Saint-Antoine à l'assemblée, dans le sein de laquelle il déposa des vœux menaçans pour l'autorité royale, et de l'assemblée aux Tuileries, où il défila devant le roi, demandant à grands cris la sanction des décrets. Louis XVI, que quelques gardes nationaux avaient fait placer dans l'embrâsure d'une fenêtre pour le garantir du flot de cette foule désordonnée, répondit avec fermeté à toutes ces clameurs : « Ce n'est ni le moment ni la forme de l'obtenir. » L'ayant vu ensuite mettre sur sa tête un bonnet rouge qui lui fut présenté au bout d'une pique, et accepter un verre de vin de la part d'un artisan à demi-ivre, la multitude, contente de ce résultat de sa violence, fit retentir le château de *ses vivat* et se dispersa.

Cette sinistre insurrection, qui avait manqué son but, au cas qu'elle en ait eu un bien déterminé, fut désapprouvée de tous les gens modérés, mais elle fit sourire les ennemis du nouvel ordre de choses qui comptaient sur les excès populaires pour le renverser. Les constitutionnels demandèrent avec plus d'ardeur que les autres le châtiment de ses auteurs. La Fayette accourut de son armée, dans le but de l'obtenir, mais vainement. L'assemblée, sans approuver ce qui s'était passé, était trop irritée de la conduite au moins irrésolue du monarque; et dans la conjoncture où se trouvait la France, elle avait trop besoin de l'appui du peuple pour accorder la satisfaction qu'on lui demandait; elle remit même en place le maire de la ville, Pétion, que le roi avait destitué, comme instigateur, ou tout au moins fauteur de l'insurrection.

Un objet du plus haut intérêt, celui de la défense nationale, réclamait toute son attention. Sur le rapport d'une commission extraordinaire, nommée pour examiner la position de la France à l'intérieur et vis-à-vis des puissances étrangères, elle déclara *la patrie en danger*. Cette déclaration porta au plus haut point l'exaltation révolutionnaire; elle éclata à l'occasion de l'anniversaire du 14 juillet. Le seul cri que le peuple fit entendre dans cette journée, fut *Pétion, ou la mort*, ce qui voulait dire, *la république ou la mort*, car Pétion était alors considéré comme le chef de ceux qui voulaient la déchéance.

On éleva des échafaudages sur les places publiques, on y arbora des bannières sur lesquelles était inscrite la formule décrétée par l'assemblée, et réservée pour les temps de crise : *Citoyens, la patrie est en danger.* De zélés tribuns appelèrent le peuple à sa défense; des enrôlemens volontaires se firent en masse, et la France sembla se lever pour se porter tout entière aux confins de son territoire.

Ce qui surtout avait servi à exalter son enthousiasme en excitant son indignation, c'était ce fameux manifeste dans lequel le duc de Brunswick employait, envers l'assemblée et la nation française, le ton qu'aurait pu prendre un seigneur du moyen âge, pour rappeler au respect de leur devoir, c'est-à-dire de leur servitude, des vassaux révoltés.

Cependant, ce grand personnage s'avançait à la tête des troupes de la coalition, dont il avait été nommé généralissime. Une armée austro-prussienne, éclairée par un corps nombreux d'émigrés, était près de franchir nos frontières; la cour favorisait son invasion de ses vœux, et pouvait même la servir plus efficacement si on lui en eût laissé les moyens, c'est-à-dire, si elle eût pu disposer des pouvoirs attachés à la royauté, pouvoirs dont la faiblesse ordinaire du roi lui permettait de se saisir, ou au moins de diriger l'emploi. Le château des Tuileries devint, pour le parti populaire, relativement à l'émigration et aux puissances étrangères, ce que lui avait été la Bastille à l'égard de la cour et de l'armée intérieure à l'époque du 14 juillet. Déjà Brissot s'était écrié au milieu de l'assemblée : « On vous dit de craindre les « rois de Hongrie et de Prusse, et moi « je vous dis que la force principale de « ces rois est à la cour, et que c'est là « qu'il faut les vaincre d'abord; on vous « dit de frapper tous les intrigans, tous « les factieux, tous les conspirateurs; et « moi je dis que tous disparaîtront si « vous frappez sur le cabinet des Tui- « leries, car ce cabinet est le point où

« tous les fils aboutissent, où se trament « toutes les manœuvres, d'où partent « toutes les impulsions. » On montrait le triomphe de la révolution désormais attaché à la déchéance; la nécessité en était sur tous les points proclamée. On ne balançait plus que sur les moyens. La majorité de l'assemblée eût voulu n'en employer que de constitutionnels : peut-être même se serait-elle bornée à décréter la suspension; mais, moins patiens, les députés les plus exaltés et les principaux meneurs de la multitude, Marat, Camille-Desmoulins, Santerre et surtout Danton, qu'on a justement surnommé le Mirabeau de la populace, résolurent de recourir à l'arme de l'insurrection. Elle s'organisa ostensiblement dans les faubourgs, vers les premiers jours du mois d'août. La nuit du 9 au 10, à minuit, un coup de feu se fit entendre. Aussitôt le tocsin fut sonné à la ville et dans toutes les églises. Les sections, excepté une seule, envoyèrent chacune leur contingent, et une multitude immense, ayant les fédérés bretons et marseillais à sa tête, se porta sur les Tuileries. La cour s'était mise en défense, mais la plus grande partie de ses troupes se joignit aux insurgés. Il ne lui resta que 900 Suisses, une partie du bataillon des Filles-Saint-Thomas, composé en majorité de royalistes, et quelques centaines d'aristocrates, que leur dévouement personnel au roi et à la reine avait retenus près du trône de préférence au parti de l'émigration. Le roi alors, sur les instances de Rœderer, procureur syndic du département, chercha, avec sa famille, un refuge dans l'assemblée. Le combat ne s'en engagea pas moins entre le peuple et les défenseurs du château, sans qu'on ait pu savoir depuis de quel côté vint l'aggression. Les Suisses, après une résistance opiniâtre et meurtrière, furent massacrés; les aristocrates trouvèrent une issue par les galeries du Louvre, dont on avait négligé de s'assurer. L'assemblée fut alors sous la puissance de l'insurrection; elle décréta à l'unanimité la suspension du roi, la destitution de ses ministres et la convocation d'une assemblée extraordinaire, chargée de statuer sur la fameuse question de la déchéance qu'elle ne voulut pas prendre sur elle de décider dans une telle circonstance. En attendant, le parti populaire s'agita pour assurer et étendre son triomphe. Son chef principal, Danton, fut élevé au ministère; les autres, Marat, Panis, Sergent, Collot-d'Herbois, Billaud-Varennes, Tallien, dominèrent dans la nouvelle commune de Paris, qui s'était installée d'elle-même, sous l'influence de l'insurrection. La Fayette qui avait échoué dans le dessein de venger la royauté de l'affront qu'elle avait reçu le 20 juin, au moyen de l'assemblée d'abord, et à son défaut, de la garde nationale, ne réussit pas mieux dans celui de la relever de la catastrophe du 10 août, au moyen de son armée. Ses soldats, instruits que les troupes prussiennes s'approchaient, ne crurent pas devoir, malgré l'attachement qu'ils lui portaient, se séparer du gouvernement au moment de cette crise de la patrie, et lui-même assumant sur sa tête toute la responsabilité de son entreprise, approuva leur résolution.

Les coalisés faisaient cependant de grands progrès. On annonça coup sûr coup divers échecs, la prise de Longwi, celle de Verdun. Ces nouvelles excitèrent à Paris moins de terreur encore que d'exaspération. Au moment où de nombreux bataillons de volontaires en sortaient pour aller à la rencontre des Austro-Prussiens, quelques hommes plus exaltés ou plus avides de sang que les autres, s'écrient que, tandis qu'ils vont combattre l'ennemi du dehors, leurs femmes, leurs enfans demeureront exposés à la vengeance de l'ennemi intérieur. Aussitôt on se porte aux prisons où l'on dit que se trouvent enfermés beaucoup de conspirateurs; on en retire une multitude d'individus appartenant par leur rang, leur état ou leur opinion, à l'ancien ordre de choses. Ces infortunés sont livrés à une sorte de commission populaire aussi sanguinaire, mais plus désordonnée et plus expéditive encore que ne devaient l'être les tribunaux révolutionnaires; presque tous sont impitoyablement massacrés : leurs juges sont en même temps leurs bourreaux. L'égorgement dura trois jours, sans que l'assemblée fit rien d'efficace pour l'arrêter. On doit dire, dans l'intérêt de l'honneur national, que les acteurs de ces scènes horribles furent peu nombreux. La commune et le ministre Danton les provoquèrent-ils, comme on les en a accusés, non sans beaucoup de fondement? Ne firent-ils que les encourager, ou bien encore que les approuver après coup? C'est ce que nous n'osons prendre sur nous de décider; mais elles sont, sans contredit, une des plus grandes taches qui aient souillé l'époque révolutionnaire.

Cependant Dumouriez, auquel on avait confié le commandement en chef de l'armée opposée aux Austro-Prussiens, sut, au moyen d'une manœuvre des plus hardies, les devancer aux défilés de la forêt de l'Argonne. Il les y arrêta assez de temps pour donner aux nouvelles levées celui d'arriver sur la ligne de défense. Ayant, après une retraite habile, concentré ses forces à Sainte-Menehould, pour y attendre la jonction des généraux Beurnonville et Kellermann, il y apprit la victoire de Valmy, remportée par ce dernier sur la presque totalité de l'armée ennemie. Les confédérés, qui, sur la foi des émigrés, s'étaient attendus à être accueillis en libérateurs, et à n'éprouver nulle part une résistance sérieuse, furent découragés; des pluies continuelles, en détrempant les chemins, étaient devenues auxiliaires de nos armes; et le passage subit d'une grande abondance à une extrême disette, avait engendré dans les rangs ennemis des épidémies qui chaque jour les éclaircissaient. Le duc de Brunswick, si impérieusement exigeant naguère, se bornait à demander le *rétablissement du roi sur son trône constitutionnel*; mais la nouvelle assemblée, dont le premier acte avait été de proclamer sa déchéance, et de constituer la France démocratiquement, répondit en suivant l'exemple du sénat romain, dans une circonstance à peu près semblable, que *la république française ne pouvait entendre aucune proposition avant que les troupes prussiennes eussent entièrement évacué son territoire.* C'était le seul parti qu'elles eussent à prendre. Elles commencèrent donc leur retraite, qui ne fut que faiblement inquiétée par Kellermann. Non-seulement le territoire envahi fut recouvré, mais encore Trèves, Spire, Mayence au nord; la Savoye et le comté de Nice au midi, furent occupés par nos troupes.

La convention qui, dans ses premières séances, avait semblé obéir à l'impulsion républicaine, mais modérée de la Gironde, ne tarda pas à subir l'influence de la Montagne, ainsi nommée de la place que les membres de ce parti occupaient sur les gradins les plus élevés de la salle. La Montagne, composée des députations de Paris et de Versailles, et des députés les plus exaltés des autres départemens, voulait moins la république que l'anarchie. Les Girondins réclamaient immédiatement le règne des lois, que les Montagnards ne voulaient ou ne croyaient possible qu'après la dictature populaire. Par la députation de Paris, la Montagne disposait de la commune; et par la commune, de la force insurrectionnelle de la capitale. Mais il n'y eut pas seulement entre les Girondins et les Montagnards différence d'opinion, il y eut haine et horreur d'une part, et de l'autre désir, peut-être besoin de vengeance. Dès le commencement de la session, la mésintelligence avait éclaté au sujet des massacres de septembre. La

Gironde demanda instamment qu'on en punît les auteurs ; mais la Montagne, dont les membres les plus influens étaient hautement accusés d'y avoir pris part, s'y opposa, dans la crainte réelle ou supposée qu'une enquête ne troublât la tranquillité publique. Robespierre, dont la popularité était déjà formidable, fut dénoncé par Louvet et Barbaroux, comme aspirant à la dictature ; mais cette accusation n'eut point de suite. La majorité, qui ne voyait dans les discussions de la Montagne et de la Gironde que la querelle de quelques hommes, faisait tout pour les étouffer. Que n'eut-elle assez de courage pour toujours conserver la même sagesse !

Après ce commencement d'hostilités, les Girondius parlèrent de faire à la constitution les changemens que la déchéance du roi avait rendus nécessaires ; mais la Montagne, soit qu'elle voulût différer l'époque où l'ordre, sorti de la tourmente révolutionnaire, reprendrait son cours régulier, soit qu'elle se fût invariablement fixée déjà à ce système de terreur dont elle devait faire un usage si déplorable, obtint qu'on ajournerait ce travail pour s'occuper du procès de Louis XVI. Il fut décidé, après des débats de compétence fort animés, que ce prince serait jugé par l'assemblée elle-même. On l'accusait d'avoir, dans ses discours et dans sa correspondance, émis des vœux contre-révolutionnaires, autorisé de son assentiment les menées des prêtres réfractaires, approuvé les projets de l'émigration, et enfin, provoqué l'invasion du territoire français par les puissances étrangères. Malheureusement ces diverses accusations étaient appuyées de pièces trouvées, sous la législative, dans les bureaux de la liste civile, et après le 10 août, au château, dans une armoire secrète, qu'un serrurier qui y avait travaillé, découvrit au ministre Roland, derrière un pan de boiserie.

Louis, dans un premier interrogatoire, se défendit avec beaucoup de présence d'esprit; il nia en partie ses pièces, et en partie se retrancha derrière son inviolabilité. Le même système de justification fut suivi, mais, hélas! sans succès, par ses défenseurs, de Sèze, Tronchet, et le vertueux Malesherbes, qui était venu s'offrir lui-même; plus généreux en cela que Target, qui ne rougit pas de refuser l'honorable mission dont la confiance d'un illustre malheureux l'avait investi. Louis fut déclaré coupable à l'unanimité. Avant qu'on allât aux voix sur l'application de la peine, le parti qui voulait le sauver (particulièrement la Gironde) proposa de lui accorder le recours au peuple; mais vainement. La peine capitale fut prononcée contre l'infortuné monarque, à la majorité de vingt-six voix. La minorité vota diverses peines: les uns la mort avec sursis jusqu'à la paix, les autres le bannissement, beaucoup la détention. En vain un député avait fait observer que les rois bannis de Rome n'y avaient jamais pu rentrer, tandis que le trône d'Angleterre, teint du sang de Charles Ier, avait été reconquis par ses successeurs; en vain les défenseurs supplièrent, en pleurant, l'assemblée d'adoucir sa terrible sentence, en considération du petit nombre de voix qui l'avait déterminée; celle-ci fut inflexible. Elle rejeta même un sursis de trois jours demandé par le condamné, pour se préparer à paraître devant Dieu, et décida qu'il serait exécuté dans les vingt-quatre heures. Elle lui permit seulement de faire ses adieux à sa famille. L'entrevue qu'il eut avec elle fut déchirante. Le commandant de la garde nationale, Santerre, vint le lendemain, 21 janvier, chercher l'infortunée victime des fautes de sa cour et de la politique furibonde de la Montagne.

Louis traversa Paris lentement, assisté d'un prêtre de son choix, au milieu d'une multitude nombreuse, silencieuse, morne, mais dans les traits de laquelle se peignait autant d'étonnement que de tristesse, bien que la compassion craignît de se montrer. S'il en est qui restèrent froids, c'est qu'en voyant le châtiment atteindre si haut, ils crurent à la culpabilité apparente du monarque. Il arriva enfin au lieu de son supplice (la place Louis XV), où près de quarante mille hommes étaient sous les armes. Il monta d'un pas assuré l'escalier fatal; déjà on lui avait lié les mains, lorsqu'il s'avança sur le bord de l'échafaud, et s'écria d'une voix forte : *Je pardonne à tous mes*..... Ici le roulement des tambours se fit entendre; un des bourreaux le saisit. Le reste de son discours, s'il le continua, se perdit dans les derniers apprêts de son agonie *. Il était dix

* Nous savons que beaucoup d'historiens lui font prononcer quelques paroles de plus. Mais nous nous sommes décidés pour la version que nous of-

heures dix minutes quand le dénouement de ce drame terrible eut lieu.

Ainsi mourut Louis XVI, à l'âge de trente-neuf ans, après en avoir régné seize. Bon et sage autant qu'homme puisse l'être, toutes les fois qu'il ne suivit d'autre impulsion que la sienne; son excessive faiblesse le fit trop souvent couvrir de sa responsabilité les machinations de sa cour. Il n'en fut pas moins l'un des rois les mieux intentionnés, et il en eût été le plus irréprochable s'il avait su vouloir irrévocablement le bien dont le désir était dans son cœur.

Le meurtre de Louis XVI fut une violation cruelle de la constitution de 1791, qu'on l'accusait d'avoir voulu renverser, puisque cette constitution rendait le monarque inviolable, et ses ministres seuls responsables. Elle fut

frons, sur la foi de plusieurs témoins qui se trouvaient, comme officiers de la garde nationale, au pied même de l'échafaud.

encore une grande faute politique; elle ébranla les plus fortes imaginations, et la révolution perdit alors un grand nombre de partisans.

Sans doute cette révolution fut l'occasion de beaucoup d'excès; mais comment en pouvait-il être autrement? Un arbre robuste qu'une force humaine a courbé vers la terre, s'est-il jamais relevé sans secousse? Non; il réagit en sens contraire, il s'agite, il balance long-temps sa cime avant que d'avoir retrouvé l'équilibre que lui a donné la nature : il en est de même d'un grand peuple, s'il vient à se relever de l'oppression qui pesait sur lui depuis des siècles; il ne la secoue pas sans une commotion violente, il est quelque temps à chercher son équilibre politique, il poursuit la résistance, même après l'avoir vaincue, et ne rentre dans les bornes que la raison et son propre intérêt lui prescrivent, qu'après les avoir plus ou moins dépassées, selon que cette résistance a été plus ou moins vive, plus ou moins longue.

Cependant Dumouriez, après avoir gagné la bataille de Jemmapes, s'était rapidement emparé de Mons, de Bruxelles, de Liége, tandis que des généraux sous ses ordres prenaient Anvers, Namur, et complétaient la conquête de la Belgique : les dispositions des peuples de cette contrée, qui d'abord avaient salué nos soldats en libérateurs, changèrent complétement quand les commissaires de la convention, ou plutôt de la Montagne, eurent importé parmi eux son système de réquisition et de terreur. Dumouriez, prenant hautement les intérêts de sa conquête, était venu à Paris, dans le but apparent d'intercéder en sa faveur, mais avec l'intention secrète de sauver le roi. N'ayant pu y parvenir, il était retourné à la tête de ses troupes. Une coalition formidable, dans laquelle étaient entrées les puissances qui avaient pris part à la précédente, l'Angleterre, l'Espagne, la Suède, la Bavière, l'électeur palatin, Naples et la cour de Rome, menaçait d'envahir une seconde fois nos frontières. Dumouriez, au lieu de rester sur la défensive, se jette en Hollande; mais, après quelques succès, il se voit forcé à la retraite, par les revers qu'éprouvent les généraux qui commandent à sa droite; il concentre alors ses troupes et veut les opposer aux Autrichiens, sous les ordres de Cobourg; mais il est défait, et la perte de la bataille de Nerwinde entraîne celle de la Belgique. En entreprenant la conquête de la Hollande, il avait, assure-t-on, le projet de s'en faire déclarer protecteur, ainsi que de la Belgique, et de venir ensuite à la tête de son armée victorieuse, renforcée des troupes qu'il aurait pu tirer de ces deux contrées, à Paris, rétablir le pouvoir royal et la constitution de 1791. Cette dernière partie de son projet, il ne résolut pas moins de l'exécuter avec son armée dame Roland, si célèbre par ses talens et par ses malheurs, et d'où partaient pour les provinces des journaux empreints de l'esprit modéré du parti, fut appelée dérisoirement un *bureau d'esprit*. Rien, en un mot, ne fut épargné pour les rendre suspects et odieux au peuple. Après la condamnation de Louis, on releva hautement contre eux l'accusation de fédéralisme. On a avancé que personne n'y croyait, pas même les accusateurs; mais nous avons connu des conventionnels montagnards qui ne mettaient point en doute les projets des Girondins à cet égard, et qui témoignaient leur regret que la majorité ne les eût pas adoptés. Quoi qu'il en soit, la trahison de Dumouriez, qui avait été lié avec quelques Girondins des plus influens, donna plus de violence encore aux attaques de la Montagne. Cependant l'assemblée ne semblait pas disposée à lui livrer ses ennemis; il fallait, pour la déterminer, un moyen extraordinaire; elle en avait à sa disposition un puissant, l'insurrection. Bientôt Marat signala à la haine de ses lecteurs, les *traîtres qui avaient voulu sauver le tyran*, en votant l'appel au peuple : c'était désigner les Girondins. Le maire Pache les dénonça à l'assemblée au nom des sections; le commandant de la garde nationale, Henriot, excita contre eux les bataillons de volontaires prêts à partir pour l'armée. Un complot fut même, assure-t-on, formé le 10 mars, dans le but de les égorger. Une commission, nommée par l'assemblée pour en rechercher les auteurs, ayant fait arrêter le substitut de la commune, le journaliste Hébert, et quelques autres des plus fougueux anarchistes, devint un prétexte de trouble. Le 28 mai, la Montagne, soutenue d'un rassemblement tumultueux, fit casser cette commission, qui, le lendemain, fut rétablie par la convention plus complète et moins opprimée. Cette

mesure ne fit qu'amener une insurrection plus terrible. Le 31, au matin, une multitude immense s'assembla dans les faubourgs, et, après s'être encore grossie dans sa route, parut aux portes de l'assemblée. Les députés du département, de la municipalité, des sections, demandent non-seulement la suppression de la commission, mais encore la punition de ses membres et celle des principaux Girondins : ils n'obtinrent ce jour-là que la première partie de leur demande; mais ils revinrent à la charge. Deux jours après, plus de quatre-vingt mille hommes insurgés par Robespierre et Marat, et commandés par Henriot, cernent la salle de la convention.

L'assemblée eut le courage de repousser une première fois leur demande; mais ils étaient déterminés à ne point se séparer qu'elle ne leur eût été accordée. En vain, pour se soustraire à leur oppression, la convention entière sortit, ayant son président à sa tête;

elle ne put trouver à travers leurs bataillons une seule issue. Rentrée alors au lieu de ses séances, elle y décréta que les membres de la commission des douze, les deux ministres Lebrun et Clavière, et vingt-deux Girondins, dont les plus remarquables étaient Vergniaud, Guadet, Gensonné, Barbaroux, Pétion, Brissot, Buzot, Louvet, seraient provisoirement détenus chez eux. Le peuple, ayant eu connaissance de cette mesure, se dispersa.

Plusieurs des députés proscrits, entre autres Buzot, Guadet, Lanjuinais, Barbaroux, essayèrent de répondre à l'insurrection de Paris par l'insurrection départementale. Ils parvinrent à exciter des mouvemens à Bordeaux, à Nîmes, à Montauban, à Marseille et dans le Calvados; mais nulle part ils n'organisèrent une résistance durable.

Lyon se souleva vers le même temps; mais comme l'opposition y était royaliste, la résistance y fut plus vive, le rapprochement étant plus difficile.

Après un siége remarquable, cette ville fut prise, et la mort du montagnard Chalier, que les insurgés avaient guillotiné, en punition de ses excès, y fut vengée par d'horribles représailles.

Toulon voyait aussi flotter le drapeau blanc sur ses remparts, dans lesquels ses habitans avaient introduit les troupes anglaises. Celles-ci furent contraintes de se rembarquer après un siége de quelque durée, pendant lequel on remarqua, pour la première fois, un jeune officier d'artillerie (Bonaparte), confondu alors, avec un grade modeste, dans la foule des défenseurs de la liberté qu'il devait opprimer plus tard.

La Montagne avait besoin de ces succès ; car tandis que le midi s'était soulevé contre elle, les débris de l'armée de Dumouriez battue sous les murs de Bouchain, le général Dampierre tué, Valenciennes, Condé, Mayence pris, nos troupes repoussées en deçà de la Scarpe, et d'un autre côté, les Vendéens, qui s'étaient soulevés à la voix de leurs prêtres, après un grand nombre de victoires, maîtres de Bressuire, d'Argentan, de Thouars, de Saumur, d'Angers, menaçaient Nantes; tout se réunissait pour la placer dans la situation la plus critique. Elle en triompha à force d'audace. Après avoir vengé la mort du plus fougueux de ses Seïdes, Marat, assassiné par Charlotte Corday, jeune fille d'une âme forte et véritablement républicaine, elle s'occupa de la constitution, comme si tout eût été calme.

Rédigé sous l'influence d'Héraut de Séchelles, ce nouveau code constitutif eut l'égalité la plus absolue pour base. Les doubles degrés d'élection et le cens d'éligibilité institué par la constituante n'y furent pas maintenus; mais ce code ne devait pas être mis immédiatement à exécution; il fut suspendu aussitôt que décrété; et l'assemblée, qui avait à lutter contre des revers, la

Vendée et l'Europe entière, s'investit elle-même de la dictature la plus formidable. Bientôt les mesures les plus promptes, les plus énergiques, furent prises pour donner à la nation une attitude convenable à la situation extraordinaire où elle se trouvait placée. « La république n'est plus qu'une « grande ville assiégée, avait dit Bar-« rère ; il faut que la France ne soit « plus qu'un vaste camp. » Une levée en masse fut décrétée. Quatorze armées et douze cent mille hommes garnirent comme par enchantement nos frontières ; malheureusement on décréta, en outre, la tyrannique loi des suspects, qui devait fournir de victimes les tribunaux révolutionnaires, autre institution de cette époque.

Ce fut alors aussi que le comité de salut public, que son titre plutôt que ses attributions rendait le centre de l'action du gouvernement, acquit une prépondérance fatale à la liberté de la convention. Bien qu'il ne fût que le délégué de la montagne, il lui dicta ses lois, et par ce moyen, porta la terreur d'un bout de la France à l'autre.

Cependant la garnison de Mayence, qu'on avait, après sa capitulation, dirigée vers l'Ouest, apprenait aux Vendéens, qui jusqu'alors n'avaient guère eu à combattre, que des gardes nationales mal organisées, ce que c'est que la puissance de la discipline quand elle se trouve unie au courage. Battus à plusieurs reprises, n'ayant plus pour les guider Lescure, Beauchamps, d'Elbée, trois de leurs meilleurs généraux, ils se déterminèrent à passer la Loire, dans le dessein d'insurger la Bretagne; mais ils furent vaincus devant Grandville et au Mans, et presque anéantis à Savenay. Ceux qui échappèrent, et ils furent en bien petit nombre, ne rentrèrent dans leur pays que pour voir les colonnes républicaines promener dans tous les lieux le fer et la flamme.

D'un autre côté, l'ennemi extérieur, vaincu par Houchard à Hondscoote, était contraint de rétrograder. Jourdan battait à Watiguie le prince de Cobourg. Hoche, Pichegru et Kellermann, les deux premiers sur la ligne de la Moselle, le troisième, aux frontières d'Italie, faisaient triompher les armes de la république. La Montagne se vit alors victorieuse de l'Europe, comme elle l'avait été des royalistes et des girondins. Elle n'en devint que plus implacable dans ses vengeances; elle envoya pêle-mêle au tribunal révolutionnaire, et presque toujours de ce tribunal à l'échafaud, les ennemis de la révolution et les ennemis de son système. Elle sacrifia d'abord les personnages les plus influens de tous les partis qu'elle avait vaincus. C'est ainsi qu'elle fit condamner et exécuter successivement, la reine, les girondins, Bailly, le duc d'Orléans, qui pourtant, soit crainte, soit complaisance, avait donné tous les gages possibles de son assentiment à ses vues. Les girondins entendirent leur arrêt avec un visage serein, et marchèrent au supplice en chantant la Marseillaise. Cinq d'entre eux, qui avaient cru trouver plus de sûreté dans la fuite, ne firent, pour la plupart, que reculer leur trépas de bien peu de temps. Guadet, Salles, Barbaroux, découverts dans les grottes de Saint-Émilion, furent exécutés à Bordeaux. Roland, en apprenant la mort de sa courageuse épouse, Pétion, Buzot, Condorcet, se suicidèrent. Louvet, Lanjuinais, Henri Larivière, Lareveillère-Lepeaux, Kervélégan, Le Sage, furent les seuls qui survécurent à ce grand naufrage de la Gironde.

Roberspierre, depuis qu'il était entré au comité de salut public, le dominait au moyen de Saint-Just, de Couthon, ses adhérens personnels; de Billaud-Varennes, de l'ex-comédien Collot d'Herbois, les adhérens de son système; et de Barrère, esprit subtil, mais caractère faible qu'il avait su gagner. Ce terrible comité exerçait la dictature la plus absolue. Il avait au-dessous de lui, pour l'aider dans les détails, un comité de sûreté générale. Les généraux, les ministres, les juges et les jurés étaient à sa nomination. Une armée intérieure, dite révolutionnaire, obéissait à ses ordres, et la Montagne était devenue sa sujette, comme la convention l'avait été de la Montagne.

Pour ne laisser aucune trace de l'ancien ordre de choses, on changea entièrement la forme demi-payenne et demi-chrétienne du calendrier. L'ère du Christ fut remplacée par celle de l'établissement de la république. Les mois de trente jours chacun tirèrent leurs dénominations du genre de température, ou de l'espèce de travaux agricoles qui signalaient le plus habituellement leurs cours; on ajouta, afin de compléter l'année, cinq jours, qui, pour cette raison, furent appelés complémentaires. Enfin, la semaine fut remplacée par une période de dix jours, tous nommés selon l'ordre qu'ils occupaient dans cette nouvelle subdivision du mois. Le dixième, consacré au repos, s'appela décadi. Les décadis, au nombre de trente-six, furent remplis par autant de fêtes allégoriques. La première fut celle du génie, la seconde, celle du travail, et ainsi des autres. Il n'y avait rien que de beau dans un semblable système; mais la commune, qui avait été envahie par les sectaires du baron d'Holbach, alla plus loin; elle proclama hautement l'athéisme; elle entraîna l'évêque de Paris à faire abjuration du culte catholique, et la convention, à décréter qu'il serait remplacé par le culte de la Raison. Le comité fut alors jaloux ou inquiet de l'influence qu'exerçait la commune; il résolut d'imposer un terme à ces extravagantes exagérations. Il fit d'abord défendre par l'assemblée d'attenter à la libérté des cultes, en attendant qu'il pût jeter entre l'athéisme et toutes les croyances ébranlées, un système religieux, approprié à l'état actuel de la raison humaine, et auquel tous les esprits sages pussent se rattacher.

Cependant la portion de La Montagne, qui suivait l'impulsion de Danton, n'avait entendu employer l'arme de la violence que pour, selon sa propre expression, *s'assurer le champ de bataille;* la victoire obtenue, elle demandait que la dictature eût un terme, et la constitution son cours.

Le comité, qui ne voulait pas ou ne croyait pas pouvoir se dessaisir si tôt de son formidable pouvoir, résolut de perdre ces nouveaux antagonistes, sortis des mêmes rangs que lui. Ils avaient, en commun, accusé les girondins d'avoir voulu sauver le Roi; le comité les accusa d'avoir voulu sauver les Girondins, ce qui était vrai des uns et des autres. Il reprocha, en outre, à plusieurs d'entre eux, les désordres de leur vie privée. Les dantonistes récriminèrent. Camille Desmoulins, surtout, se distingua dans cette lutte. Cependant un moment les deux partis semblèrent se rapprocher; mais ce ne fut qu'une trêve fallacieuse de la part de Roberspierre, qui, sentant que, n'ayant pas eu l'initiative de la réconciliation proposée, il n'y jouerait pas le principal rôle, accorda, aux membres les plus exaltés du comité de salut public, le supplice de Danton et de ses principaux partisans, à condition qu'ils lui abandonneraient Hébert, Clootz, Chaumette, et les autres anarchistes de la commune. Ceux-ci furent les premiers attaqués, comme ultrà-révolutionnaires; décrétés d'accusation sur le plus vain prétexte, ils furent condamnés à mort et exécutés. Ils avaient en vain essayé de la ressource de l'insurrection. Leur tentative n'aboutit qu'au licenciement de l'armée révolutionnaire, et à une réorganisation des comités sectionnaires, dont l'autorité fut restreinte. Restait à immoler le parti de Danton ; on s'y préparait, et ses amis lui conseillaient de fuir. « Partir, leur répondit-« il d'une voix indignée, est-ce qu'on « emporte sa patrie à la semelle de son « soulier ? » Le danger devenant de jour en jour plus pressant, ils le conjurèrent de nouveau de songer à sa sûreté : cette fois-ci, il sembla hésiter ; mais, après un instant de silence, il s'écria : *ils n'oseraient !* Ils osèrent cependant. Dans la nuit du 10 germinal, il fut arrêté avec les principaux de son parti, Camille Desmoulins, Lacroix, Phelipeaux, Westermann. On les traduisit bientôt au tribunal révolutionnaire. Le président Dumas, s'apercevant que leurs réponses commençaient à émouvoir l'auditoire, *les mit hors des débats,* sous prétexte qu'ils manquaient au respect dû à la justice. Quelle justice, grand Dieu ! que celle des partis ! « Voilà donc la récompense « du premier apôtre de la liberté, disait

« Camille Desmoulins en allant au « supplice. » Danton, au moment de franchir l'escalier fatal, s'attendrit au souvenir de son épouse; mais bientôt il s'y élance d'un pas ferme en s'écriant : *Allons, Danton, pas de faiblesse!*

Débarrassé de ces redoutables antagonistes, qui pouvaient par leur énergie relever le parti modéré de la convention, le comité donna plus d'intensité encore à son système de terreur. C'est alors qu'on vit à Paris ces grandes fournées de victimes, qu'on entendit parler des conspirations des prisons, que la guillotine se promena dans la plus grande partie de la France, et que, pour suppléer à sa lenteur, Carrier employa à Nantes les noyades, comme on avait précédemment employé à Lyon la mitraille. C'était cependant à la félicité publique que de fanatiques sectaires s'imaginaient travailler par de tels moyens. « La domination du peu« ple, des magistrats sans orgueil, des

« citoyens sans vices, la fraternité des « rapports, le culte de la vertu, la « simplicité des manières, l'austérité « des caractères; voilà, dit M. Mi- « gnet, ce qu'ils prétendaient établir. »

Ce fut alors que Roberspierre institua le culte de l'Être suprême, culte sublime par sa simplicité, et qui eut eu plus de sectateurs, s'il avait eu un autre fondateur et un autre ministre. Cependant ce fondateur était l'objet des adulations les plus outrées de la part de son parti; on l'appelait *le grand homme de la république. Sa vertu, son éloquence*, étaient prônées avec enthousiasme. Un nommé l'Admiral et une jeune fille appelée Cécile Renaud ayant successivement échoué dans le dessein d'en délivrer leur patrie, on rendit publiquement grâce de son salut à l'Être suprême et au *bon génie de la république*, tout comme après le meurtre d'Agrippine, on remerciait Jupiter, sauveur de celui de Néron. L'adulation emploie presque toujours les mêmes formules, chez tous les peuples et dans tous les temps.

Le système de terreur du comité reçut alors une extension effrayante; les accusés n'obtinrent plus de défenseurs et furent jugés, c'est-à-dire, condamnés, en masse. Les jurés qu'on avait jusqu'alors soumis à quelques règles, n'en eurent plus d'autres que leur conscience, ou plutôt leur passion; le tribunal révolutionnaire, augmenté dans le nombre de ses membres, fut divisé en quatre sections, et l'on donna à l'accusateur public, le féroce Fouquier Tinville, autant de substituts, chargés de demander chaque jour, chacun un tribut de têtes; enfin, le comité put décréter d'accusation les représentans du peuple sans recourir comme auparavant à la convention.

Cependant les principaux membres du comité de sûreté générale les Hébertistes, Vadier, Aimar, Vouland, commençaient à se mettre en opposition avec le chef du comité directeur, au sein duquel ils avaient deux des plus chauds partisans de leur système, Billaud-Varennes et Collot-d'Herbois. D'un autre côté, les députés les plus énergiques de la montagne gémissaient de son abaissement. Robespierre résolut de sacrifier les uns et les autres ; mais ce double sacrifice, il ne pouvait l'attendre de ses collègues du comité. Il songea donc à l'obtenir de la peur qu'il inspirait à l'assemblée, après s'être toutefois ménagé la réserve de l'insurrection.

Il avait à sa dévotion les jacobins ; par les jacobins, la commune ; et par la commune, le peuple *insurrecteur*. C'est aux jacobins qu'il prit son point d'attaque. Il ne parut plus qu'à la tribune de ce club. C'est de là qu'il prépara les esprits à une épuration nouvelle. Il y parlait comme si l'assemblée et lui-même eussent été sous la tyrannie d'une faction. Enfin, après cinq semaines d'absence des comités et de la convention, il se présenta devant cette dernière, dénonça une conspiration formidable, et, sans réclamer encore nominativement ses victimes, les désigna assez clairement pour qu'elles n'eussent plus à douter du sort qui leur était réservé. Vadier, Cambon, Panis, Billaud-Varennes, s'élevèrent successivement contre lui : il sortit furieux de cette résistance inaccoutumée, et alla le soir même aux jacobins, où on essaya de le dédommager par des acclamations enthousiastes, du demi-échec qu'il avait essuyé dans la convention. On se distribua ensuite les rôles pour le lendemain (9 thermidor). Ce jour les siéges de la convention furent occupés de bonne heure. Les hostilités avaient commencé, et, selon les usages de l'époque, elles ne pouvaient se terminer que par la mort de l'un ou l'autre parti. Saint-Just entreprit de renouveler l'accusation que Roberspierre n'avait qu'ébauchée la veille. Ce fut le signal d'un soulèvement universel,

Billaud-Varennes ouvre l'attaque contre le dictateur. Ses accusateurs se succèdent à la tribune, où il essaye vainement de se faire entendre : ses accens sont étouffés par le cri unanime et continuel : *à bas le tyran, à bas le tyran*. Le président Thuriot ne répond à ses réclamations qu'en agitant, sans discontinuer, sa sonnette. Il descend de la tribune et se dirige alors vers la droite d'où il attend plus d'impartialité; mais elle refuse également de l'entendre. Enfin, il retourne sur son siége écumant de colère et épuisé de fatigue : il respire à peine : « Malheu-« reux, le sang de Danton t'étouffe, « dit un montagnard. » Son arrestation, celle de Couthon et de Saint-Just, sont décrétées. On leur adjoint Roberspierre jeune, et le montagnard Lebas, qui tous deux demandent à partager leur sort; celui-ci, afin qu'il fût prouvé sans doute qu'il est donné à tous les genres de fanatismes d'enfanter des martyrs.

La commune, pendant ce temps, organisait l'insurrection. Roberspierre, et ses principaux complices, tant au sein de la convention qu'en dehors, qu'on avait donné ordre d'arrêter, doivent leur délivrance à sa sollicitude. Forte déjà de l'appui des faubourgs, elle n'attend plus que l'arrivée du contingent des sections, dont les députés sont au milieu d'elles, pour se porter contre les Tuileries; cette attente doit lui devenir fatale. Les sections, mieux instruites de ce qui s'est passé, envoient leurs bataillons à la convention, qui bientôt se vit en état de marcher elle-même contre la commune. Il était minuit, les défenseurs de celle-ci se lassaient d'attendre, et se trouvaient déjà bien ébranlés par la connaissance que des émissaires, répandus dans leurs rangs, leur avaient donnée des décrets de la matinée, lorsque tout à coup les troupes conventionnelles débouchent sur la place de Grève, au cri de *vive la république* Ce cri est répété par la multitude armée en faveur de la commune; en un clin d'œil, amis et ennemis, tous se confondent, et les chefs de l'insurrection demeurent seuls en présence de la convention victorieuse. La plupart essayèrent de se suicider, peu y parvinrent. Roberspierre, en se tirant un coup de pistolet, ne réussit qu'à se fracasser la mâchoire. On ne prit pas même la peine de les juger ; et, après avoir constaté seulement leur identité, on les conduisit sur la place de la Révolution, où ils furent exécutés vers les cinq heures du soir.

Bien des jugemens divers ont été portés sur Roberspierre, et il reste incertain encore aujourd'hui s'il fut un ambitieux hypocrite, ou bien un fanatique de bonne foi, comme Marat et Saint-Just. Après sa mort, ceux de ses complices qui lui survécurent reportèrent sur sa tyrannie tous les excès dont ils s'étaient rendus coupables; on en fit, en quelque sorte, le bouc émissaire de la terreur. On peut dire que sa mémoire a été, sinon noircie, du moins trop chargée. On lit, dans les mémoires de Napoléon, qu'il avait l'intention de fermer le gouffre de sang ouvert par la montagne, et qu'il n'attendait pour cela que d'avoir mis la dernière main à un discours, dont il s'occupait depuis quelque temps. Peut-être, s'il avait triomphé au 9 thermidor, eût-il octroyé la grâce de ses ennemis; c'eût été une ressemblance de plus qu'il aurait eue avec Auguste. Comme l'empereur romain, il avait cette sorte de courage qui fait entreprendre et braver les conséquences éloignées d'un projet, quelque redoutables qu'elles se présentent; mais, comme lui encore, il manquait de cette résolution soudaine qui naît en présence d'un imminent danger, et que Napoléon nommait *le courage physique*.

Cependant, Roberspierre mort était en quelque sorte redoutable encore par l'immense popularité dont il jouissait. On chercha à lui opposer celle qui s'attachait à la mémoire de Marat. Roberspierre, durant sa toute-puissance, n'avait point voulu permettre que l'on fît à sa cendre les honneurs du Panthéon : on les lui décerna. Marat avait été un fou sanguinaire. Enthousiaste du système de l'égalité la plus absolue, il ne trouvait rien de plus naturel, de plus juste même, que de détruire toutes les sommités individuelles, qui rompaient la symétrie politique qu'il avait imaginée, et qui lui semblait la base nécessaire de la félicité commune. Croira-t-on qu'un homme, qui avait conçu l'idée de l'égorgement d'une portion de l'espèce humaine au profit de l'autre, pût être susceptible de quelque sensibilité dans ses relations privées? L'anecdote suivante, que nous tenons de Panis, semble résoudre affirmativement cette question. Après la prise de Verdun, au moment où la capitale était dans toute l'agitation d'une grande crise, Danton, qui venait d'être élevé au poste de ministre de la justice, se rend à l'Hôtel de Ville, où se trouvait déjà deux membres de la commune, Panis et Marat. Il s'adrèsse à ce dernier, qui l'avait, dans une de ses feuilles, accusé de lenteur, fait l'énumération de toutes les mesures qu'il a prises, de tous les obstacles qu'il a eu à surmonter, et, après lui avoir prouvé qu'il a dû au contraire déployer une activité presque prodigieuse, se plaint vivement de son injustice. Le journaliste, confus, ne réplique pas, mais il grimpe sur une chaise, s'élève sur une table, et, se trouvant alors à la hauteur de Danton (la taille de celui-ci était aussi colossale que celle de Marat était rabougrie), lui enlace le coude de ses deux bras, et, roulant dans ses yeux de grosses larmes, lui dit avec l'accent le plus contrit : « Que « veux-tu, mon ami, on m'avait dit « que tu dormais. »

Les comités s'étaient imaginés pouvoir continuer le système de Robespierre. La majorité de la convention, qui ne voulait pas avoir vaincu au profit de la tyrannie, engagea bientôt avec eux une lutte, dans laquelle elle eut le dessus. Elle contint les faubourgs par les sections, et les jacobins, au moyen d'une espèce de fédération de jeunes gens, qu'on nommait la *jeunesse dorée de Fréron*, parce qu'ils appartenaient généralement à la classe riche, ou du moins aisée, et que c'était Fréron qui, le premier, les avait, dans son journal, invités à s'armer. Ils se distinguaient par un costume particulier, portaient des cheveux à la victime, et ne marchaient qu'armés d'un bâton lourd, terminé en forme de massue. Le parti qui, dans la convention, s'était opposé à ce que les comités se fissent héritier de la dictature, fut appelé *thermidorien*, parce qu'il avait eu la principale part aux événemens de thermidor; il se composait de tous ceux qui n'étaient sortis des bornes de la modération qu'accidentellement, et parce qu'ils y avaient été poussés par la peur, et d'un petit nombre de montagnards, dont l'exaltation s'était usée par son excès même. Ce parti, qui déjà était le plus nombreux dans l'assemblée, ne tarda pas à dominer encore dans les comités, lorsque l'époque de leur renouvellement par tiers arriva. La convention, pouvant alors agir sans obstacle, adoucit les formes du tribunal révolutionnaire, qu'elle n'osait pas encore supprimer, vida insensiblement les prisons de la foule des suspects qui les encombraient, donna aux comités une organisation qui les maintenaient dans sa dépendance, ralentit l'action des sociétés populaires, rappela dans son sein soixante-treize députés qui en avaient été exclus et avaient long-temps gémi dans la prison, pour avoir protesté contre la proscription de la Gironde, rapporta le décret d'expulsion des nobles et des prêtres; en un mot, elle répara des calamités de la terreur tout ce qui en était réparable; il eût fallu, après ces sages mesures, s'arrêter et proclamer une amnistie, dont on aurait exclu quelques hommes trop coupables, tels que l'accusateur public près du tribunal révolutionnaire, le sanguinaire Fouquier-Tinville, Carrier, auteur des noyades de Nantes, et Joseph Lebon, féroce commissaire du comité public à Cambrai et à Arras.

Mais malheureusement la justice dégénéra bientôt en réaction, et l'on sait combien la réaction est incapable de s'imposer elle-même des bornes. Les nuances d'opinions, qui avaient jusque-là divisé les révolutionnaires, s'effacèrent. Tous s'unirent étroitement par le besoin de la résistance. Deux insurrections, qu'ils organisèrent dans le but de suspendre le jugement de Billaud-Varennes, de Collot-d'Herbois, de Barrère et de Vadier, ne purent soustraire ces conventionnels à la déportation, et ne firent qu'attirer la même peine sur dix-sept Crétois (c'était le nouveau nom donné aux députés de la montagne), qu'on accusait de les avoir provoqués. Cependant ils ne se regardèrent point encore comme vaincus. A la nouvelle qu'on se disposait à modifier la constitution de 1793, ils préparèrent une troisième attaque pour suppléer à l'appui de l'autorité publique qu'ils n'avaient plus; ils résolurent de créer une nouvelle municipalité, qui pût leur servir de centre; de s'emparer ensuite du canon d'alarme, des tocsins, des tambours, de tout tenter pour gagner les troupes, et enfin d'obtenir, de gré ou de force, le remplacement de la convention par une assemblée législative, aux termes de la constitution, alors en vigueur. Le 1er prairial, ils s'avancent sur la salle de la convention qu'ils envahissent, poursuivent et blessent le député Féraud et lui coupent la tête, croyant couper celle de Fréron. Boissy-d'Anglas, qui présidait l'assemblée, montra dans cette circonstance le courage le plus admirable ; malgré les menaces des insurgés, au milieu d'une multitude de piques, qu'ils dirigent sur sa poitrine, il refuse de mettre aux voix leurs propositions; mais enfin leurs violences ayant éloigné les uns et intimidé les autres, ils obtiennent tout ce qu'ils désirent. Leur triomphe ne fut pas de longue durée. Les troupes des sections arrivent, et délivrent la convention qui casse alors les arrêtés que la violence vient de lui arracher. Vingt-huit députés, qui avaient appuyé les demandes des insurgés, sont décrétés d'arrestation. Ceux-ci revinrent encore le lendemain en plus grand nombre, mais l'assemblée eut cette fois l'adresse de les amuser par un simulacre de négociation, et ils s'écoulèrent sans avoir commis de violences. Six députés, Roume, G. Duroi, Duquesnoy, Soubrani, Goujon, Bourbotte, ce dernier, distingué par une intrépidité rare sur les champs de bataille, condamnés à mort comme instigateurs de cette dernière insurrection, marchèrent au supplice avec un visage serein, comme auraient pu y aller des martyrs, et en hommes convaincus de la justice de leur entreprise.

Le meurtrier de Féraud ayant été, vers ce même temps, arraché à la force armée qui le conduisait au supplice, on en prit occasion de faire cerner et désarmer les faubourgs par les troupes des sections. Le parti dont ils faisaient la force, contraint dès-lors de renoncer aux insurrections, n'eut plus de ressources que dans les conspirations.

Pendant la terreur, la France avait triomphé de la coalition sur tous les points. Des généraux doués, par la nature, d'un grand génie militaire, étaient tout à coup sortis des rangs républicains; et, sous la main directrice de

Carnot, avaient exécuté les choses les plus étonnantes. Pichegru et Jourdan vainqueurs, l'un à Courtray et à Hooglède, l'autre à Fleurus, exécutèrent rapidement la conquête des Pays-Bas. D'un autre côté, Hoche reprit les lignes de Weissembourg, poussa vivement les généraux Brunswick et Wurmser, et les rejeta au-delà du Rhin. Dugommier et Moncey envahissaient le territoire espagnol, après avoir délivré le nôtre. Il n'y eut que l'armée d'Italie qui n'obtint point, dans cette campagne, de grands avantages. La chute du gouvernement décemviral n'interrompit point le progrès de nos armes. En Espagne, Moncey continua ses succès, et Pérignon ceux de Dugommier. Pichegru fit, avec une rapidité inouïe la conquête de la Hollande, et remplaça, à la satisfaction presque générale de ses habitans, le stathoudérat par la *république Batave*. La Prusse alors demanda la paix qu'elle obtint. L'Espagne suivit bientôt son exemple, et l'armée des Pyrénées, devenue disponible, alla avec celle des Alpes envahir le Piémont et menacer l'Italie.

Le parti de l'émigration, échouant complétement au dehors, essaya encore une fois de vaincre la révolution dans son centre. Il fomenta les dissensions de l'intérieur, encouragea la réaction, et parvint jusqu'à un certain point à lui donner un caractère royaliste. Les émigrés prêtres, ou nobles, rentrèrent de toutes parts. Des compagnies dites de *Jésus* et du *Soleil* s'organisèrent, dans le midi, en bandes meurtrières. Lyon, Marseille, Aix, Tarascon, eurent aussi leurs massacres des prisons, dans le sens des réacteurs. A Paris même, l'opinion royaliste ne prenait plus la peine de se cacher. Elle dominait dans les sections par Laharpe, Richer-Sérisy, Vaublanc, Lacretelle jeune, etc. qu'on appelait la faction des journalistes. La *jeunesse dorée*, abandonnant la cause de la convention, aussitôt qu'elle put le faire sans risque, prit l'uniforme des chouans (espèce nouvelle d'insurgés, formés de contrebandiers, de déserteurs, de gens sans aveu et d'anciens châtelains, qui infestaient la Bretagne, pillaient les diligences et égorgeaient les acquéreurs de biens nationaux, au nom de la religion et de la royauté), et, en faisant ce qu'elle appelait la *chasse aux terroristes,* produisit dans la capitale une autre terreur.

Cependant le gouvernement anglais adoptant les plans du marquis de Puisaye, qui s'était imaginé que les chouans n'avaient besoin que de quelques secours pour contre-révolutionner la France, débarqua sur la presqu'île de Quiberon quinze cents réfugiés, l'élite militaire de l'émigration, six mille prisonniers républicains qui, fatigués de leurs chaînes, consentirent à se ranger sous les bannières du royalisme, et des munitions ainsi que des armes pour une armée de cinquante mille hommes. Il arriva ce qu'on eût dû prévoir. Les républicains désertèrent, et les émigrés, avec quinze cents chouans qui s'étaient joints à eux, furent écrasés par des forces supérieures.

La convention venait de terminer une constitution nouvelle. Cette constitution, principalement rédigée sous l'influence de l'irréprochable Daunou, livrait le pouvoir exécutif à un directoire de cinq membres, et les fonctions législatives à deux conseils, l'un appelé des *cinq cents*, ayant l'initiative des lois, l'autre dit des *anciens*, parce que les membres en étaient plus âgés, jouissant de la faculté de leur accorder ou de leur refuser sa sanction. Le double degré d'élection y avait été rétabli comme dans la constitution de 1791.

Les députés conventionnels, dont les pouvoirs allaient expirer, ne voyaient pas sans inquiétude qu'un renouvellement intégral de l'assemblée la mettrait sous l'influence du parti royaliste. En conséquence, ils décidèrent que les deux tiers, au moins, de la convention feraient de droit partie de l'assemblée législative subséquente, et soumirent ce décret, simultanément avec la constitution, à l'acceptation des assemblées primaires.

Cette mesure, à la vérité inconstitutionnelle, excita de vives réclamations de la part des réacteurs dont elle déjouait les projets. Ils déterminèrent les sections à attaquer la convention, qui, forte de l'assentiment de la majorité des départemens, se prépara à leur résister. Le 13 vendémiaire, quarante pièces de canons, six mille hommes de troupes régulières et environ quinze cents dits *patriotes* de 1789, que les réacteurs avaient destitués ou emprisonnés comme terroristes, furent disposés pour sa défense aux environs de la salle de ses délibérations, par un jeune général (Bonaparte), que Barras, sur la renommée qu'il s'était faite au siége de Toulon, avait jugé à propos de s'adjoindre. L'armée sectionnaire vint attaquer en forces vers les quatre heures, et après un combat de peu de durée fut vaincue et dispersée. On désarma la section Lepelletier, qui avait formé le noyau de l'insurrection, et la tranquillité fut rétablie.

Quoique le remplacement du tiers sortant de la convention se fût fait dans le sens des réacteurs, la majorité y était encore républicaine, quoique modérée. Elle résolut de ne choisir les directeurs que parmi les conventionnels qui avaient voté la mort de Louis XVI, et nomma Rewbell, Letourneur, Barras, Lareveillère-Lepeaux et Carnot, ce dernier sorti pur, aux yeux même des partis contraires, du comité de salut public, et admiré en outre pour son vaste génie militaire. Elle décréta ensuite une loi d'amnistie, changea le nom de la place de la *Révolution*, qu'elle croyait terminée, en celui de la *Concorde*, et déclara sa session close. Elle avait eu une existence de trois ans, et s'était montrée sage dans la plupart de ses actes, toutes les fois qu'elle n'avait pas voté sous l'influence de la terreur. Aucune de nos assemblées n'a déployé peut-être autant de courage, et pourtant ses plus grandes fautes vinrent de ce qu'elle n'en eut pas assez.

Depuis que la lutte des partis avait succédé à la toute-puissance des comités, nos troupes étaient mal nourries, à peine vêtues; et l'insubordination, n'étant plus contenue par la terreur, avait passé des chefs aux soldats. La France avait éprouvé beaucoup d'échecs ; Pichegru, le plus renommé de ses généraux, s'était laissé entraîner à des projets contre-révolutionnaires. On l'accusait, et malheureusement avec trop de fondement, du plus grand crime qu'un chef d'armée puisse commettre, celui d'avoir concerté avec l'ennemi la défaite de ses troupes. Sa trahison entraîna la retraite précipitée de Jourdan qu'elle laissait à découvert; d'un autre côté, la Vendée était de nouveau en feu, la Hollande menacée d'une descente de la part de l'Angleterre, et l'armée d'Italie découragée se maintenait à peine sur les Alpes. Le directoire, héritier de tant de revers, trouvait encore le trésor vide. Il créa, pour l'alimenter, des mandats territoriaux, hypothéqués sur ce qui restait de propriétés nationales. Son attention se porta ensuite sur l'état de nos frontières. Pichegru fut remplacé, sur le Rhin, par Moreau; Bonaparte eut le commandement de l'armée d'Italie, et Jourdan dut concourir avec l'armée de Sambre-et-Meuse à un plan tracé par Carnot, qui, s'il eût été bien exécuté, portait cette année même (1796) nos troupes victorieuses jusque dans la capitale de l'Autriche. La précipitation de Jourdan le fit échouer au moment où il semblait près de se réaliser. Ayant dépassé la ligne tenue par Moreau, il se fit battre et entraîna celui-ci dans sa retraite. Bonaparte, dès le début de la campagne, étonna l'Europe par des prodiges de génie et d'audace. Se portant rapidement et en masse compacte, selon le système de Carnot (système qu'il agrandit et devait peut-être même outrer), sur les divisions séparées de l'armée ennemie, il les anéantit successivement dans l'espace de quinze jours et en six batailles, dont les plus célèbres sont celles de Millesimo et de Montenotte. Il impose alors au Piémont une paix rigoureuse, poursuit le cours de ses victoires, triomphe à Lodi, investit Mantoue, et, après avoir battu Wurmser, le force à chercher dans cette place qu'il venait secourir un refuge contre ses armes. Maître de l'Italie, il s'étend vers les gorges du Tyrol, où il apprend les revers de l'armée de Sambre-et-Meuse.

Ramenons maintenant nos regards sur ce qui se passait à l'intérieur, au commencement du gouvernement directorial. Hoche était parvenu à pacifier la Vendée, en employant la douceur et la tolérance, beaucoup plus que les armes, et en isolant, par ce moyen, les chefs des masses qui seules pouvaient les rendre redoutables. Il avait, en outre, presque entièrement purgé la Bretagne des hordes de la chouannerie. La Reveillère-Lepeaux instituait pendant ce temps la *théophilanthropie*, qui était le culte de Dieu, joint au zèle pour l'humanité.

Les partis s'agitaient au sein de la capitale. Un journaliste démocrate (Gracchus-Babœuf) essaya de transformer une société populaire, que le gouvernement avait laissée se rétablir au Panthéon après les événemens de vendemiaire, en un second club des jacobins. L'autorité la ferma. Les clubistes conspirèrent alors; leur but était le *bonheur commun*, auquel ils donnaient pour base l'égalité la plus absolue. La conspiration fut découverte, ses chefs arrêtés; mais ses affiliés osèrent, au nombre de sept cents seulement, marcher alors contre le directoire. L'ayant trouvé fortement gardé, ils se dirigèrent vers un camp que le gouvernement avait établi dans la plaine de Grenelle, comptant sur quelques intelligences qu'ils y avaient pratiquées; mais ils en furent repoussés, chargés par les dragons du commandant Malo, et dispersés. Babœuf, et l'un de ses deux complices, d'Arthé, furent condamnés à la peine capitale par la haute cour de Vendôme. Le fanatisme révolutionnaire les accompagna devant leurs juges, et jusqu'à leur dernier soupir.

Les royalistes, jugeant le commandant Malo favorable à leur cause, parce qu'il avait repoussé leurs ennemis les plus exaltés, lui firent adresser des propositions; mais il livra leurs émissaires au directoire, qui les mit en jugement. Ces hommes, à l'exception des conspirateurs démocrates qu'on avait presque tous condamnés à mort, ne furent soumis qu'à de légères peines par des jurés de leur parti.

Cependant Bonaparte s'était emparé de Mantoue; le Milanais et une partie de la Romagne s'étaient, sous ses auspices, constitués démocrativement, tandis que Gênes devenait république ligurienne. Ses victoires avaient été à la fois morales et militaires. On reprit alors le plan de la campagne précédente. Moreau et Hoche partirent du Rhin, tandis que, franchissant le Tyrol, Bonaparte portait rapidement ses colonnes aux portes de Vienne, et imposait à l'Autriche l'armistice de Leoben, que devait avant peu suivre la paix définitive de Campo-Formio. Par cette paix, la France se fit reconnaître en Italie les nouvelles républiques cisalpine et ligurienne, acquit les îles Ioniennes, Porentruy, la Belgique, et fut confirmée dans la possession de la Savoie, du comté de Nice, d'Avignon, dont les habitans s'étaient donnés à elle sous la constituante. Elle permit en retour à l'Autriche de s'emparer de l'état de Venise, qui venait de se constituer en démocratie, et sur lequel elle n'avait aucun droit. Le directoire avait pour cette concession, aussi impolitique qu'immorale, beaucoup de répugnance; mais il y fut, pour ainsi dire, forcé par son plénipotentiaire Bonaparte, qui dès-lors commençait à ne suivre d'autre volonté que la sienne.

Les élections de l'an V avaient donné les Conseils au parti contre-révolutionnaire. Pichegru fut porté avec acclamation à la présidence des cinq-cents; Barbé-Marbois, à celle des anciens. En dehors ils s'appuyèrent sur un club, celui de Clichi, et ils parvinrent à gagner deux directeurs, l'un desquels était Carnot, qu'ils trompèrent sur leurs intentions ultérieures. Ils attaquèrent le système républicain dans les actes du gouvernement; la majorité du directoire crut qu'il n'y avait qu'un coup d'état à opposer à leur brigue ; elle provoqua, de la part des armées, des adresses énergiques. Hoche s'approcha de la capitale et franchit le cercle constitutionnel (ou rayon de douze lieues), interdit aux troupes. Bonaparte, qui peut-être aspirait déjà à l'héritage de la révolution, craignant qu'il ne tombât prématurément en d'autres mains, lui envoya d'Italie le général Augereau, à la disposition duquel on mit une force de douze mille hommes et de quarante canons. Il n'eut pas de peine à occuper la salle du conseil. Cet événement eut lieu dans la matinée du 18 fructidor, à 4 heures du matin, et le peuple de la capitale n'en fut instruit que par les placards qui furent bientôt affichés dans toutes les rues. On rendit publiques des pièces qui mettaient en plein jour la trahison de Pichegru. Deux directeurs, cinquante-trois députés, des journalistes et divers autres individus, furent condamnés à la déportation. L'on remit en vigueur les lois contre l'émigration, que les conseils avaient rapportées avec un empressement suspect, et les nobles et les prêtres, qui, rentrés en foule, organisaient déjà la réaction dans les provinces, furent contraints d'abandonner encore une fois le champ de bataille aux républicains.

A peu de temps de là le directoire, dans le but peut-être d'étonner ses ennemis par une entreprise gigantesque, et d'occuper une partie de l'immense force militaire que la paix avec l'Autriche avait mise en état de disponibilité, autant peut-être que dans le but d'aller en Asie attaquer la puissance anglaise, concerta avec le général Bonaparte, qui recueillait alors au sein de la capitale le tribut d'une admiration méritée, le plan de l'expédition d'Égypte. Quarante mille hommes partirent sous la conduite du vainqueur de l'Italie, s'emparèrent en passant de Malte, et débarquèrent après une navigation heureuse dans le port d'Alexandrie.

Bientôt, en attaquant la Suisse, et en lui imposant sa constitution, le directoire atteignit le double but de venger les Vaudois de l'aristocratie de Berne, et de priver l'aristocratie française d'un de ses principaux quartiers-généraux.

Le meurtre de notre ambassadeur auprès du Saint-Siége, le jeune général Duphot, tué à Rome dans une émeute à laquelle la cour pontificale fut soupçonnée de n'être pas étrangère, lui fournit une occasion pour rétablir, d'une manière nominale au moins, la république romaine.

Les élections de l'an VI s'étaient faites sous l'influence des républicains exaltés; le directoire, en vertu d'un pouvoir qu'il s'était fait donner après le 18 fructidor, les cassa. Il voulait maintenir cette bascule politique, si souvent essayée, et presque toujours impraticable après une révolution;

mais un déplorable événement vint sur ces entrefaites réclamer toute son attention.

La paix avait été conclue à Campo-Formio avec l'empereur, mais il restait encore à régler avec l'empire quelques objets d'un intérêt secondaire. Pour cet effet, un congrès se réunit à Rastadt, et la France y envoya trois plénipotentiaires, les députés Bonnier, Roberjot et Jean-de-Bry. Tout à coup, le gouvernement autrichien, que l'Angleterre venait d'entraîner dans une coalition nouvelle, leur fait signifier l'ordre de quitter cette ville sous vingt-quatre heures; mais à peine en ont-ils franchi les portes, au milieu de la nuit, que des hulans les arrêtent, et après leur avoir fait déclarer leurs qualités et leurs noms, les assaillent. Jean-de-Bry fut le seul qui survécut à ses blessures. A la nouvelle de cet attentat, il n'y eut qu'un même cri d'indignation dans toute la France, et parmi les peuples de l'Europe. Les conseils décrétèrent que les députés assassinés ne seraient point remplacés, que les places où ils avaient coutume de s'asseoir dans leur sein seraient voilées d'un crêpe, qu'on continuerait à les nommer lors de l'appel nominal, et qu'une voix répondrait alors pour chacun d'eux : *Assassiné à Rastadt*. La France parut un moment avoir recouvré son énergie de 1789, et des volontaires, impatiens de vengeance, accoururent de toutes parts pour compléter ses bataillons.

Ce fut alors que la conscription remplaça la réquisition en masse. On leva par ce mode de recrutement deux cent mille hommes. Toutes les puissances de l'Europe, à l'exception de la Prusse et de l'Espagne, étaient entrées dans la nouvelle coalition.

Les États barbaresques même s'y trouvaient enchaînés, par leur dépendance de la Turquie, dont nos armes avaient en Égypte violé la neutralité. Naples et le Piémont, ayant les premiers enfreint la paix, furent conquis en un clin d'œil ; le premier par Championnet, après quelque résistance de la part des lazzaronis ; le second par Joubert. Naples devint, pour un moment, le siége d'un nouvel État démocratique, la *république Parthénopienne*.

Les affaires changèrent à l'approche des Austro-Russes. Schérer, Moreau, Macdonald, furent successivement battus, et l'Italie presqu'entièrement évacuée. Les vainqueurs, aux ordres de Souwaroff, se disposaient à déboucher en France, par la Suisse, vers laquelle se dirigeait aussi le prince Charles, après avoir défait, sur le Rhin, les troupes de Jourdan, et le duc d'York débarquait quarante mille confédérés, sur les côtes de la Hollande.

Les élections de l'an VII donnèrent la prépondérance, dans les conseils, aux républicains exaltés. Ils contraignirent trois directeurs, Treillard,

Merlin et La Reveillère, dont ils désapprouvaient le système modérateur, à donner leur démission. Sieyes, qui une première fois avait refusé de faire partie du directoire, y entra alors. Il avait, depuis son éloignement des affaires, combiné un nouveau système constitutif. Il voulait en faire subir l'essai à sa patrie, quoiqu'il sût que la France était lasse d'essais, qu'on l'avait en quelque sorte rassasiée de changemens à vue dans son organisation politique, et que, contente d'une constitution, même défectueuse, elle ne désirait plus qu'une chose, la stabilité. La constitution de Sieyes tendait à renforcer le pouvoir et à le faire remonter en le retirant plus encore qu'on ne l'avait fait, des mains de la multitude. Il ne pouvait donc songer à s'aider du peuple qu'il allait dépouiller de son importance, et qui, d'ailleurs, n'intervenait plus depuis quelque temps dans les luttes des partis. Les derniers coups d'état ne s'étaient exécutés qu'au moyen des troupes, on ne pouvait donc rien faire sans leur coopération. Sieyes balançait sur le choix d'un général, quand Bonaparte, arrêté par les murs de Saint-Jean-d'Acre, sur la route de Syrie, revint de l'Égypte qu'il avait conquise, laissant ce pays et son armée aux ordres de Kléber.

Bonaparte avait la soif du pouvoir, comme Sieyes la manie des utopies politiques. Ils n'eurent pas de peine à s'entendre, quoiqu'ayant des vues bien différentes.

Disons maintenant quelle était au dehors et à l'intérieur la position de la France. La fortune était redevenue favorable à ses armes. Masséna non-seulement avait arrêté en Suisse le mouvement d'invasion des confédérés, mais encore, par une suite de hautes combinaisons stratégiques, et en quinze jours de victoires consécutives, les avait complétement désorganisés. Les Russes mis, pour ainsi dire, par leur affaiblissement, hors de la coalition, reprenaient le chemin de leurs steppes, tandis que Brune battait, en Hollande, les quarante mille hommes du duc d'York, et les forçait à se rembarquer. Malheureusement Joubert avait été défait et tué en Italie, à la sanglante bataille de Novi; mais Championnet maintenait avec avantage la ligne de cette frontière.

Au dedans, l'administration des directeurs n'obtenait pas l'assentiment général. Deux de ses mesures surtout excitaient le mécontentement : la *loi de l'emprunt forcé et progressif*, et celle *des otages*. L'emprunt forcé cependant n'était après tout qu'un emprunt, et eût-il été un subside, comme on craignait qu'il ne le devînt, il ne pouvait y en avoir de plus juste, puisqu'il n'était demandé qu'à la classe opulente, en état de le supporter. On pouvait peut-être aussi justifier la loi d'après laquelle les familles suspectes, qui habitaient les contrées dévastées par les Chouans étaient obligées de fournir des otages, pour garantie des horreurs que commettaient les bandes de ces soudoyés politiques. Malheureusement l'arbitraire présida à l'exécution de ces deux lois, contre lesquelles, d'ailleurs, leur couleur révolutionnaire avait prévenu les esprits du moment où elles avaient été portées.

Sieyes résolut de faire servir à l'acheminement de ses projets l'impopularité de ses collégues. Il avait saisi l'occasion de l'anniversaire du 14 juillet pour tracer dans un discours le tableau le plus sombre de la situation intérieure de la France.

Lucien Bonaparte affectait au conseil des cinq cents, où il exerçait beaucoup d'influence, les mêmes alarmes que Sieyes. Il avait écrit à son frère pour le presser de revenir en France. Ne serait-on pas autorisé à en inférer, quoique le captif de Sainte-Hélène dise précisément le contraire dans ses Mémoires, qu'il était dès lors d'accord avec le directeur?

Quoi qu'il en soit, Bonaparte et Sieyes complotèrent ensemble de changer la forme du gouvernement. Sieyes disposait au directoire de son collègue Roger-Ducos, citoyen d'un caractère faible. Il comptait dans les conseils sur la coopération d'une foule d'hommes, vains, ambitieux, d'habitudes dispendieuses, n'aspirant qu'à acquérir de l'influence et des richesses, ou à mettre à l'abri d'un gouvernement fort, celles qu'ils avaient acquises. Il en mit plusieurs dans sa confidence.

Le 18 brumaire, les deux conjurés du directoire firent convoquer, à l'insu de leurs collègues, par les inspecteurs de la salle, le conseil des anciens, sans y appeler néanmoins ceux de ses membres dont on redoutait l'*audace*, c'est-à-dire, l'indépendance. Ils en obtinrent deux décrets, l'un qui ordonnait la translation du pouvoir législatif à Saint-Cloud, l'autre qui confiait à Bonaparte, pour l'exécution de cette mesure, le commandement militaire de la capitale.

Bonaparte, qui avait, dès la veille, invité à se réunir chez lui le lendemain matin, les principaux chefs militaires qui se trouvaient alors à Paris, se rendit avec eux aux Tuileries, où il prêta le serment prescrit de fidélité à la constitution, dont il méditait la ruine. Jourdan et Bernadotte, qui partageaient les opinions sincèrement républicaines de la société du manége, refusèrent seuls de l'y suivre.

Des trois directeurs, Barras, intimidé par Bonaparte ou gagné par Talleyrand qu'on lui avait envoyé, donna sa démission. Moulins et Gohier, patriotes purs et énergiques, mais pas assez hommes de parti pour la circonstance, furent retenus prisonniers par Moreau, au sein de leur propre palais (le Luxembourg), d'où ils protestèrent en vain. Ce fut dans ce jour que Bonaparte adressa à Botot, secrétaire de Barras, qui faisait l'apologie du gouvernement directorial, cette fougueuse apostrophe : « Qu'avez-vous « fait de cette France que je vous ai « laissée si brillante? Je vous ai laissé « la paix, j'ai retrouvé la guerre; je « vous ai laissé des victoires, j'ai re- « trouvé des revers; je vous ai laissé « les millions de l'Italie, et j'ai retrou- « vé partout des lois spoliatrices et la « misère. Qu'avez - vous fait de cent « mille Français, tous mes compa- « gnons de gloire? Ils sont morts..... « Cet état de choses ne peut durer. « Avant trois ans il nous mènerait au « despotisme. »

Ce n'était encore là qu'un commencement d'hostilités : c'était le lendemain à Saint-Cloud que devait se décider la victoire. Le 19, les conseils s'y trouvant assemblés, Bonaparte se présente d'abord à celui des anciens, dit qu'il n'y a plus de gouvernement, que les directeurs ont donné leur démission, qu'il existe au conseil des cinq-cents des membres qui désirent le retour de la terreur, se plaint de la *calomnie* de ceux qui lui supposent des vues ambitieuses, qui l'accusent de vouloir établir *un gouvernement militaire*, et parle, en terminant, de sauver *la liberté* et *l'égalité*. Linglet alors se lève et dit avec calme : « Général, « nous applaudissons à ce que vous « dites : jurez donc avec nous obéis« sance à la constitution de l'an III, « qui peut seule maintenir la répu« blique. » Bonaparte se trouble un instant; mais bientôt, recouvrant toute sa présence d'esprit, il réplique avec véhémence : « La constitution de l'an III, « vous l'avez violée au 18 fructidor; « vous l'avez violée au 22 floréal; vous « l'avez violée au 30 prairial.... La « constitution violée, il faut un autre « pacte, de nouvelles garanties. » Et il sort au milieu des acclamations de la majorité du conseil séduite ou intimidée.

Il ne devait pas triompher aussi

aisément de l'opposition des cinq-cents. Dès l'ouverture de la séance, un conjuré, Émile Gaudin, étant monté à la tribune, veut y présenter le fantôme d'une prétendue conspiration du jacobinisme; mais, sans s'arrêter à lui répondre, Delbred, l'un des républicains les plus ardens, propose de renouveler le serment de fidélité à la constitution de l'an III. Sa voix est accueillie par des acclamations d'enthousiasme, et le serment est prêté par les conjurés eux-mêmes, que cette unanimité fait pâlir. Chacun s'empresse de proposer des mesures de salut public. Dans ce moment Bonaparte entre dans la salle; à sa vue, à l'aspect des baïonnettes de ses grenadiers, que cependant il laisse à la porte, les cris, *hors la loi, à bas le dictateur! hors la loi!* se font entendre de tous les points de la salle avec une véritable fureur. Plus de deux cents membres se précipitent au-devant de lui, l'entourent, le pressent, l'apostrophent; mais au cri de *sauvez votre général*, prononcé par Leclerc, quatre grenadiers entrent, le dégagent et l'entraînent. L'exaspération est à son comble au sein du conseil. On veut contraindre Lucien qui occupe le fauteuil, à mettre aux voix la proscription de son frère. Indigné à son tour, il se précipite hors de la salle, monte à cheval à côté de celui-ci, accuse ses collègues d'avoir voulu l'assassiner, les appelle les représentans du poignard, donne aux troupes l'ordre de les disperser; et, comme il s'aperçoit qu'elles hésitent, tourne contre le sein de Bonaparte la pointe de son épée, et menace de l'en percer si jamais il attentait à la liberté de la France.

Un chef d'escadron entre alors seul dans la salle, et somme le conseil de l'abandonner; sur son refus, le général Leclerc s'y élance à la tête d'une colonne de grenadiers, au pas de charge et la baïonnette en avant. Les représentans du peuple se dispersent alors au cri de *vive la république !* et la révolution est vaincue.

La nuit qui suivit cette violence, la majorité des anciens, accrue d'une trentaine de députés du conseil des cinq-cents, qui, selon l'expression naïve de l'un des conjurés (M. Cornet, aujourd'hui pair de France), *voulaient tirer parti des événemens de la journée,* défère le pouvoir exécutif à trois consuls, Sièyes, Ducos et Bonaparte, et nomme une commission prise dans son sein pour s'occuper à huis clos de la révision de la constitution de l'an 3, ou plutôt pour adopter celle que Sièyes a déjà rédigée.

Dans le projet de l'ex-directeur, un dixième seulement de la population était admis à l'exercice du droit électoral; il établissait différens degrés d'éligibilité. Deux chambres électives, le *tribunat* et le *corps législatif*, devaient concourir à la confection des lois; le premier les proposait et les discutait, le second les adoptait ou les rejetait par son vote, mais sans discussion. Un *jury constitutionnaire* ou *sénat conservateur* devait, comme le second de ces noms l'indique, être chargé du soin de les conserver. Au faîte de tous les pouvoirs était placé un *grand électeur*, nommant à toutes les fonctions importantes, celles de législateur exceptées, ayant une garde nombreuse, une liste civile de six millions, mais ne pouvant rien faire que par l'entremise de deux consuls, l'un de la paix, l'autre de la guerre. Le sénat conservateur jouissait de la faculté de l'*absorber* ainsi que les consuls, les ministres, les membres des deux chambres, les généraux, en un mot, tous ceux auxquels leurs fonctions pouvaient donner dans l'occasion une influence redoutable.

On voit que Sieyes, dans son utopie peu démocratique, mais républicaine, n'avait rien omis pour prévenir, de la part du haut pouvoir, l'envahissement de la liberté publique ; rien, si n'est d'avoir choisi pour la mettre à exécution, un autre homme que Bonaparte.

Celui-ci lui laissa poser, comme il l'entendit, la base de son édifice constitutif; mais, quand on en fut venu au sommet, c'est-à dire, au pouvoir exécutif, il intervint avec sa volonté impérieuse et déjà presque absolue. Il déclara franchement que les fonctions de *grand électeur*, qu'on lui destinait, ne convenait point à l'activité de son caractère (ainsi la constitution d'un grand peuple devait être modifiée selon le caractère d'un homme), et qu'il entendait bien surtout ne pouvoir être absorbée par qui que ce fût. Comme il avait attiré à lui toute l'influence, depuis qu'il était entré dans le gouvernement, la nouvelle constitution fut rédigée comme il la voulut. Il devint roi de fait sous le nom de *premier consul*, et l'unité du pouvoir se trouva rétablie en sa personne. Il est vrai que, pour lui conserver l'apparence d'une division, on lui adjoignit deux collègues; mais ces consuls secondaires, n'ayant pas voix délibérative, ne jouissaient que d'une autorité nominale; ce ne fut qu'une sorte de conseillers privés. Le tribunat, le corps législatif, le sénat, furent organisés de manière à ne lui pouvoir donner aucun ombrage, et n'entrèrent guère dans la balance politique que pour peser au budjet Mais ce n'est point ici le lieu de développer les conséquences de la constitution de l'an 8. Ces développemens appartiennent à l'histoire du consulat, qu'on trouvera dans cette collection réunie à celle de l'empire. La révolution française, soit qu'on y ait vu une révolution de principes, ou bien seulement un changement dans la forme de gouverner, ou encore simplement un déplacement de dynastie, prit fin avec le directoire; et, quoi qu'on en puisse dire, dès lors la contre-révolution commença.

FIN.

www.ingramcontent.com/pod-product-compliance
Ingram Content Group UK Ltd.
Pitfield, Milton Keynes, MK11 3LW, UK
UKHW022110260726
13993UKWH00001B/434